輕鬆學佛法

4

arma and your life

陀教你如何掌握自己的命運

業力

與

因果

宇峰 編著

CONTENTS

目次

業力與因果——佛陀教你如何掌握命運

PART 1. 業力與業障

PART 2. 因果與輪迴

CONTENTS
目次

業力與因果——佛陀教你如何掌握命運

出版緣起

　　佛法的智慧，是生命暗夜中最閃亮的光明，不只在困頓不安時，帶給我們心靈最深層的安穩，更能增長我們無盡的智慧，覺悟生命的實相。而對於緊張忙碌的現代人而言，面對越來越快速而多元變化的世間，如何抒解生活中各式各樣的壓力，甚至擁有更強健的身心面對未來世紀的衝擊，更是急迫的需要。

　　佛法的智慧幫助我們擁有更快速、正確的決斷力，洞察實相，讓我們擁有更強大的覺性、更深廣的慈悲，讓生命自身在e世代中不被物質化、虛擬化。如何讓佛法的智慧，為我們注入身心的活泉，讓我們的心靈與健康迅速提昇，是許多朋友所希望的。

　　可惜的是，經過幾千年的流傳，佛法累積了許多專有名詞，意義非常深奧微秘，卻讓一般人難以了解，望之卻步，實在是非常可惜！如何讓21世紀的人類身心，與二千五百年前佛陀的智慧，更輕易的接軌？這是我們一貫的思惟，也是「輕鬆學佛法」系列出版的緣起。

　　在這個系列裏，我們以輕鬆的故事為主軸，活潑的編輯方式來顯現佛法核心的義理，從剛開始接觸佛法，一步步拾級而上，輕鬆而有系統，循序漸進地學習佛法、受用佛法智慧的寶藏。

　　從第一本《遇見佛陀》之後，我們將陸續規劃一系列的主題，內容包括了：學佛的第一步「皈依受戒」，及「無明煩

惱」、「業力因果」、「生死輪迴」等生命煩惱的根源;「十二因緣」、「四聖諦法」、「三法印」、「空與實相」等佛法精要;及趣向圓滿成佛之道的「發菩提心」、「戒定慧學」、「六波羅蜜」等共十二個主題,為大家建立圓滿的成佛次第。

這十二個主題的內容,涵蓋了佛法最核心的義理,也可說是為讀者精心規劃,從「學佛」到「成佛」必讀的十二本佛法書。

書中完全以生動的故事,加上有趣的人、事、時、地、物等元素、圖示,配合有趣的插圖、照片。它們不但不是嚴肅的教科書,而是深入又有趣的佛法生活書。

它是完全尚未接觸佛法者最佳的智慧導遊,它可以為學佛者輕鬆統攝佛法的精要,也是最有趣的佛法教科書,更是親子睡前最佳的床邊故事書。

輕鬆學佛法系列,希望成為每一個人的不請自來的好朋友,讓佛法在困頓的時候作為守護您的明燈,在快樂的時候成為您喜樂的泉源,幫助您獲得生命究竟的自在與幸福!

關於《輕鬆學佛法》系列

這個系列書是專為以下人士貼心設計的：

1. 適用年齡：十八歲到八十歲

本書深入淺出，用輕鬆有趣的故事來彰顯佛法的核心精神，是一本從十八歲的青少年，到八十歲的阿公阿嬤都愛看的好書。

2. 想輕鬆有趣學習佛法的人

佛陀告訴我們人生苦的道理，教我們如何「離苦得樂」。這本書依據佛陀的精神，把佛法書變得生動有趣，讓您在不知不覺中融入佛陀的智慧，享受學佛的樂趣。

3. 剛開始學佛和已經學佛的人

對剛開始學佛的人而言，如果能找到一本輕鬆有趣，又能直接掌握佛法精神的入門書，可以讓我們學佛的成效事半功倍。對已經學佛的人而言，如何將二千五百年前佛陀的智慧，與現代的生活產生聯結是最迫切的問題。這本書用淺白的現代語言，詳整的次第編輯，無論是剛入門或是已經開始修學佛法者而言，都是輕鬆好用的佛法書。

4. 想了解佛教，卻對佛教專有名詞望之卻步的人

很多想了解佛法的朋友，看見繁多的佛教專有名詞，大都有無從下手之感，更別說從中汲取智慧的寶藏。本書將佛教的專有名詞，以現代白話融入其中，並配合圖示解說，為讀者搭起通往法智慧寶藏的橋樑。

5. 想認識佛教的朋友們

對於許多想認識佛教的朋友而言，這本淺顯易讀且兼具深度

的佛法書，可以幫助大家總覽佛法的全貌，又能輕鬆掌握佛法的核心精神。

6. 希望圓滿成佛的人

這本書是為每一個從剛開始學佛，到圓滿成佛的歷程，所精心規劃的課程。可以做為您最佳的成佛生涯企劃書。

7. 現在或未來想教授佛法、度化眾生的人

除了自己學習之外，本書也是最佳的佛法教科書，其中編輯的次第循序漸進，讓學生在輕鬆有趣的閱讀中，主動學習。

【本書的架構】

本書分成四個單元：

1 業力與業障

業力與因果的思想，起源於印度。人生為什麼會有種種不同的際遇？業力、因果與輪迴，就是在解說這個法則。

在這個單元裏，我們要探討「業力」與「命運」的關係。

「業」的思想，最早源自於印度。印度人認為，「業」是招感生命不斷輪迴轉世的動力。這個觀點和中國人所說的「命」相類似，今生所受的福報、罪報，都是由於宿世的業力所造成。

後來，佛教沿用「業」的觀念，將其昇華，認為「業力」是招感一切痛苦、快樂原因，但也能造作清淨解脫的業因。因此，佛法並不認為有一個不可改變的「業力」、「命運」，而認為透過不斷的精進努力，遠離惡業，積極造作善業、淨業，才是改變命運的根本之道。

本單元並探討善業、惡業所招感的果報，及受果報的時間及方式，還有業障是否能改變的問題。

2 因果與輪迴

佛陀在世時，城裏曾發生過一件驚悚的殺人事件——一頭出生不久的犢牛，竟然在一天之內連殺三人。由於其中一個死者是弗加沙王，他在聽佛陀說法悟道的隔天，就在市集裏被牛撞死了，因此城裏的居民議論紛紛，佛弟子也請問佛陀其間的因果關係。

在佛陀的時代，各種哲學思想百花齊放，對於因果也有種種

看法，有的主張「宿命論」，就是一切都是命中決定，完全無法改變，有的主張「無因無果論」，也就是一切的發生都是偶然，行善不會得善果，造惡也不會得惡報，或是主張以苦行來清除業障……但是這些都不是正確的因果觀。

佛陀告訴我們，佛陀觀察宇宙的實相，了解一切萬事萬物的存有，都是由於因緣的聚合、分散而有出生、滅失，依因緣而起，所以稱為「緣生」、「緣起」。

一般凡人是以煩惱為因，以業力為緣，而招感輪迴的果報；如果是以智慧為因，以各種修道的方便為緣，則能招感解脫的果報。這也就是佛法中所說的「自作自受」、「自業自得」，是指目前所受到的快樂、痛苦等種種果報，都是由自身行善惡諸業所招感的，並非有另外的力量所主宰。

在本單元中，探討因果、輪迴與命運的關係，及了知前世的宿命通，形成因果的「因」、「緣」、「果報」，及「三世因果」的真義。

3 投生六道的因果

生命在六道輪迴流轉，但為什麼有的投生為人，有的投生為天神，有的投生為畜牲，或是餓鬼、地獄呢？這個單元透過長者子辯意的請問，佛陀告訴大眾投生於天上、人間、畜生、地獄、餓鬼的善、惡業因。

4 如何改命造運

什麼是命運？命運能不能改變？業力因果和命運有什麼關係？

佛陀告訴我們，無論是「命運」、「業」，乃至宇宙中的一

切現象,都是由種種不同的「因」、「緣」所形成的,並非有
一個宇宙的「造物主」來主宰一切。命運,也是由自己累劫的生
命業力所造作而成,並非有一個超越的主體所控制。這就是佛法
中的「因緣觀」。「因」可以說是主體條件,「緣」則是輔助條
件。透過不斷的正確精進,每個人都可以創造自己的好命。

　　這個單元探討命運的本質與超越的可能,及實際改變命運的
三個步驟:堅信因果、接受事實、永不認命,以此來創造自己的
好命好運!

【本書所使用的圖示】

為了方便讀者使用本書，我們以各種圖示來幫助大家更有效率的學習：

 Place：「重要史蹟」，這個圖示代表佛教重要事件的相關場景。

 Special：在這個圖示裏，你可以發現和佛法相關的植物、動物及法器物品等有趣的小東西。

 People：在這個圖示旁的人，都是佛教裏很重要，或是很著名的人物。

 Key words：這個圖示下的內容，是你不可不知的佛教重要名詞或經論。

 True Stories：在這個圖示裏，收集了許多真實的故事，包括了正確的示範及不良的典範，讓你更容易分辦正確的佛法，了解佛法的精神。

 Q&A：「郝輕鬆問…」這是學佛常見的問題與解答，可以幫助你釐清觀念，迅速掌握正確的佛法。

序

在輕鬆學佛法3《四聖諦與八正道》，我們學習到佛陀第一堂課的教誨，而在本書中，佛陀和我們討論的主題是《業力與因果》，教導我們如何掌握自己的命運。

很多朋友都有算命的經驗，無論是好奇好玩，還是在迷茫時的求助，一般人對於命運，都感到神秘不可測。一般人對命運的看法，又常和似是而非的「因果」、「宿命」、「業障」等交織糾纏，令人更加無奈。

本書的故事從波斯匿王的善光公主開始講起，善良的公主認為自己的福報是宿世累積而來，是自己的「業力」所招感，而國王卻認為公主的一切都是由他所賜予的。經過一番波折，國王終於體悟到佛陀所說「自業自得」的道理，不敢再妄自尊大，認為自己可以賜給他人福報。

什麼是「業力」、「因果」？這兩者和「命運」之間有什麼關聯？

「業」的輪迴思想起源於印度，「業」（Karma），是指「行為」的意思。印度人認為業是招致輪迴轉生的一種動力。後來被佛教融攝之後，認為以此「業」為因，能招感苦樂果報，行善業得樂果，行惡業得苦果。

業力同時也推動生命投生於六道之中，這種會牽引至六道的業力，稱為「引業」。而以同樣生於人道而言，又有富貴貧賤、

高矮美醜等種種差別，這種圓滿程度的業力，稱之為「滿業」。

在本書的第一個單元，探討投生為天上、人間、畜生、餓鬼、地獄等等的業因，及造作業力的工具──身（身體）、語（語言）、意（意念）。而善業惡業承受果報的時間與方式，也就是「定業」與「不定業」，還有一般人常誤解的「業障」，在本章也會有詳細的解說。

第二個單元則是探討因果輪迴與命運的關係。

在佛陀的時代，各種哲學思想百花齊放，對於因果也有種種看法，有的主張「宿命論」，就是一切都是命中決定，完全無法改變，有的主張「無因無果論」，也就是一切的發生都是偶然，行善不會得善果，造惡也不會得惡報，或是主張以苦行來清除業障……但是這些都不是正確的因果觀。

佛陀告訴我們，佛陀觀察宇宙的實相，了解一切萬事萬物的存有，都是由於因緣的聚合、分散而有出生、滅失，依因緣而起，所以稱為「緣生」、「緣起」。

在佛法的觀察中，認為無論是命運、業，乃至宇宙中的一切現象，都是由「因」（原因）、「緣」（助緣）所產生的。「因」可以說是主體條件，「緣」則是輔助條件。釋迦牟尼佛體悟了這個因緣的道理，而說出「有因有緣世間集，有因有緣集世間；有因有緣世間滅，有因有緣滅世間。」這四句話總攝了佛法的因緣觀，也是佛法的根本，這也才是佛教的因果觀。

第三個單元則是生命投生六道的業因。佛陀告訴我們，常行

慈愛、賢良、貞潔、誠信、不飲酒，這五種美德的人，能投生於天上。而如果行善時常以驕慢之心行之，則容易投生於修羅道。

常行佈施、持戒、忍辱、精進、恪守人倫者，則能生於人間。如果往昔經常偷盜他人財物、欠債不還者，或是生性愚痴又不求精進者，則會生於畜生道。

如果是生前慳貪嫉妒，無有慈愍之心，有能力卻不孝養父母者，這些人都容易投生為餓鬼。如果是行十種惡業，罪行重大者，尤其是殺父、殺母、殺阿羅漢、出佛身血、破和合僧的五種重罪，則會入於地獄。

了解了業力與因果的真相，我們會發現：所謂的「宿命」、這輩子的「業報」、「禍福」，都是我們過去所作，其中力量最強、而現今浮在表面的業，就成了今生所謂的「命」。

如果我們所引進的力量，超乎這個結構，那麼就掌握了改變命運的關鍵；或者是我們引進了智慧，明白了：「原來這個結構不是固定的。」於是我們將這個結構改換的話，那麼也就超越了命運。

因此，在本書的最後一個單元，所要討論的就是如何改命造運，運用因果的法則，以「因果三階」：堅信因果、接受事實、永不認命，來創造我們具足世間福報及出世間解脫圓滿的新命，這也是佛陀教導我們業力因果最重要的意義所在。

PART I
業力與業障

在這個單元裡……

在這個單元裡，我們首先來認識「業力」與「業障」，
了解命運形成的力量。

關於這個單元

。什麼是「業力」？什麼是「命運」？
。業力的三個特性
。身、語、意三業
。善業與惡業
。定業與不定業

公主與乞丐的故事

佛陀在弘化的期間，波斯匿王經常來向佛陀請益。

有一天，波斯匿王來到佛陀居住的精舍，卻不像平時一樣神采奕奕，見到佛陀，他欲言又止，彷彿有什麼心事。原來，波斯匿王心中正為自己所做的一件事後悔著。

事情是這樣的：波斯匿王的女兒善光公主，她既聰明又美麗，不但是國王和王后的掌上明珠，又因為她對待僕從非常慈愍，宮裏上上下下都十分敬愛她。

前幾天，波斯匿王得意地說：「女兒啊！你能得到王宮裏的人如此敬愛，都是因為父王的緣故哦！」

「不，父王，這是因為我自身業力的緣故。」善光公主的回答出乎國王的意料之外。

「你的意思是你命好，不是我的功勞？」波斯匿王臉上顯出不悅的神情。

「父王，每個人所受用的果報，都是自己往昔所造作的業力所來的，不是他人所能賜予的。」公主平靜地回答。

「你真的這樣認為？」波斯匿王生氣地問。

「是的，父王。」

「既然如此，那我們就來看看你的『業力』如何。」國王說完，生氣地拂袖而去。

「這個丫頭真是不知好歹，她能享受這些榮華富貴，還不都是因為我這個父王！說什麼『業力』，我倒要看看她有什麼『業力』！」怒火中燒的國王，命左右尋遍城中，找一個最貧窮下賤的乞丐帶回王宮。

左右奉命，找遍了全城，終於找到一個最窮的乞丐，帶來見國王。國王看著眼前這個年青人，身上穿著破爛的衣服，連乞討都搶不過人家，餓得瘦巴巴的。在國王的注視下，害怕地顫抖著，不知道自己犯了什麼王法，是否罪應至死？

就在他心裏七上八下時，國王說話了：「很好，你們去將善光公主帶來。」左右隨從面面相覷，不知道國王打什麼主意。「還不快去！」

隨從依命將公主帶來了。

「我的好女婿，」波斯匿王對著乞丐說，「我的女兒就交給你了！」

接著他又對善光公主說：「將來我們來看看，沒有我的福蔭，你有什麼『業力』！」公主平靜地接受國王的安排，王后和宮女們卻是不捨地頻頻拭淚。

公主還安慰她們：「母后，您不必擔心，假如兒宿世的業力應受用這些福德，那麼自有其他的因緣，不會因為離開王宮就受苦。假若兒宿世福薄，那麼即使在父王身邊，還是無法享福的。」公主說完之後，就跟著乞

丐離開王宮。

「佛陀,你看這個孩子多麼不懂事!說什麼她有『業力』,好像她所享受的這一切,我一點功勞也沒有!」大王一方面後悔將公主趕出王宮,一方面又忍不住向佛陀抱怨公主說的莫名其妙的話。

「大王,誠如您所說的,到時候就知道了。」佛陀慈詳地微笑著,並不多說什麼。

話說乞丐和公主離開王宮之後,帶著金枝玉葉的公主,他惶然無措,他不知道國王怎麼狠得下心,把這麼美麗的公主嫁給他這個乞丐。想到未來公主要跟著他一起受苦,他深深地嘆了一口氣。

「你是那裏人?」公主問他。

「哦,我們家以前住在舍衛國,記得小時候,我的父親是舍衛城中第一長者。但是後來因為父母和家人過世之後,家道中落,等我長大之後,已經家徒四壁,也沒有親戚可以依靠,才會流落街頭當乞丐。」年輕人說起自己的身世。

「你還記得你家在那裏嗎?」

「記得啊!不過,房舍大多已經毀壞,只剩一片癈墟而已。」於是兩人一起回到他以前的故居,他一一為善光公主介紹以前的大宅院。在走過屋前空地時,忽然間一塊地面陷落,兩人回頭一看,地面下似乎有黃金閃閃發亮著。他們再將土挖開些,發現地下竟然藏了無數黃金珍寶。

由於宿世的福報，善光公主發現藏在地底的寶藏

　　兩人喜出望外，於是取出其中一小部份，請人重新啟建樓閣，不到一個月的時間，廣大豪華的大宅又重現了，無數奴婢僕使都居住於其中。

　　波斯匿王將公主嫁給乞丐之後，心中時時掛念著。剛開始他還拉不下臉，也不對人說，有一天，他忍不住對左右的隨從說道：「公主平日在宮裏嬌生慣養，跟著乞丐出去，怎麼過活呢？」隨從了解國王的心意，打聽到公主的消息，回到王宮回報國王：「大王，您不用擔心，公主現在過得很好，不亞於在王宮呢！」

　　正好公主也叫夫婿來請國王到家中，國王受請之後，到了公主家中，看見這座豪宅絲毫不比自己的王宮遜色，其中的珍寶莊嚴，甚至連王宮也不曾看過。

　　「父王，這確實是兒往昔所作的業行所受用的福報啊！」公主再次告訴波斯匿王。

　　波斯匿王感到十分慚愧。離開公主家後，他就前去佛陀所住的精舍，將這個奇特的因緣請問佛陀。

　　「大王，公主說的沒錯，每個人承受著自己業力所招感的果報，是他人無法取代也無法奪走的。」佛陀安詳地說著。

　　「那麼，善光公主是由於何等因緣而獲至此等福報呢？」

　　於是佛陀告訴大王善光公主和乞丐駙馬本生的因緣。

　　在久遠時劫之前，迦葉佛住世時，他們兩人也曾為

夫妻，當時太太正要設食供養迦葉如來及四位聲聞聖者，卻被丈夫阻擋。太太對他曉以大義之後，他才不再阻止。

那個太太正是現今的善光公主，而她的丈夫正是現在的夫婿。由於供佛及聖者的功德，使公主恆受福報，而她的夫婿則由於阻擋她供養，而恆常貧窮，但是後來他不阻止了，所以今世當他沒有遇到善光公主以前，都受著貧窮之苦，直到遇到公主，才能託公主的福，享受富貴榮華。

「大王，無論是善業、惡業，所招感的果報都是昭然分明，不會有任何錯謬的。」佛陀如是告訴波斯匿王。

「是的，世尊，我了解了，今後我再也不敢妄自尊大，認為他人的福報是我所賜予的。這是各人的業力所成。」波斯匿王對業力因果有了深刻的體悟，歡喜信受奉行。

波斯匿王

波斯匿王（梵Prasenajit），是佛陀時代，中印度舍衛城城主。中文義譯為勝軍王、勝光王。傳說他和佛陀同一天出生。波斯匿王繼承王位之後，領有憍薩羅國及迦尸國，其國威強盛，與摩揭陀國並列為強國。

波斯匿王即位後，想迎娶釋迦族的公主，但是釋迦族認為他配不上，但又礙於其勢力，於是就以婢女充任公

主，嫁給波斯匿王。所生下的太子為琉璃王，也就是後來滅了釋迦族的人。

波斯匿王最初性情暴惡，言而無信，後來受到其妃末利夫人的引導，轉而篤信佛法，成為佛教重要的護持者。波斯匿王將其妹嫁給摩揭陀國的頻婆娑羅王，即韋提希夫人，其女兒嫁給阿踰闍國的友稱王，即勝鬘夫人。

什麼是業力？
什麼是命運？

業力與因果，貫穿時空，彷彿冥冥之中真的有一股力量，牽引著彼此的命運，在恩恩怨怨中交織輪迴。

到底什麼是「因果」？什麼是「命」？什麼又是「業障」？

「業」的輪迴思想起源於印度，「業」（Karma），是指「行為」的意思。印度人認為業是招致輪迴轉生的一種動力。後來被佛教融攝之後，認為以此「業」為因，能招感苦樂果報，投生於六道之中，這種會牽引至六道的業力，稱為「引業」。而以同樣生於人道而言，又有富貴貧賤、高矮美醜等種種差別，這種圓滿程度的業力，稱之為「滿業」。

以上所說的個人的業，相對於團體的命運，則稱為「別業」，而我們所共同生活的這個世間美好清淨與否，也是這個世界眾生共同感得的果報，可以說是居住在此地眾生共同的命運，有的國家富足，有的國家動亂，這是某個國家人民的共同的命運，也就是所謂的「共業」。

這種業的思想，和中國傳統「命」的觀點非常類似。

而命運、業是怎麼來的呢？

在佛法的觀察中，認為無論是命運、業，乃至宇宙中的一切現象，都是由「因」（原因）、「緣」（助緣）所產生的。「因」可以說是主體條件，「緣」則是輔助條件。釋迦牟尼佛體悟了這個因緣的道理，而說出「有因有緣世間集，有因有緣集世間；有因有緣世間滅，有因有緣滅世間。」這四句話總攝了佛法的因緣觀，也是佛法的根本。

「有因有緣世間集，有因有緣世間滅。」這兩句是講宇宙一切生成的道理，「有因有緣集世間；有因有緣滅世間。」這兩句是講宇宙萬物生成的現象。只要因緣條件具足，則一定可以產生某種特定的結果。

因此，所謂的「宿命」、這輩子的「業報」、「禍福」，都是我們過去所作，其中力量最強、而現今浮在表面的業，就成了今生所謂的「命」。如果我們所引進的力量，超乎這個結構，那麼就掌握了改變命運的關鍵；或者是我們引進了智慧，明白了：「原來這個結構不是固定的。」，於是我們將這個結構改換的話，那麼也就超越了命運。

什麼是命運的結構呢？佛法認為「業性本空」，一切的業、命運都是沒有永恆不變自性的，是空的，無常的，隨時在改變的。因為，連「我」都沒有自性，何況

此生的命運、禍福，都是過去所作，其中力量最強者於今生顯現。

是「我的命運」、「我的業障」？既然「我」都是由因緣所生，那麼「我的業障」怎麼會有真實呢？真正障礙我們的，不是「業障」；而是我們認為「我們的業障無法改變」；真正讓我們無法改變命運的，是我們認為「我們被命運所控制」。

佛陀告訴我們「自業自得」，也就是俗語所說的「自作自受」，所有的業都是自己所造，當然也是自己才能改變。只要具足正確的因果觀念，了解「業力」與「果報」之間的關係，朝著正確的方向努力，積極行善修福，精勤修行必定能再造新命。

以下，我們先來了解什麼是「業力」，及「業力」與「果報」之間的關係。

業，音譯為「羯磨」，是指「行為」、「造作」的意思，是指行為、所作、行動、作用、意志等身心活動。如果和因果關係結合，則是指由過去行為延續下來所形成之力量。此外，「業」也含有善、惡行為上所招致苦樂等因果報應思想，及前世、今世、來世等輪迴思想。

「業」的思想，最早源自於印度。印度人認為，「業」是招感生命不斷輪迴轉世的動力。後來，佛教沿用「業」的觀念，將其昇華，認為「業力」是招感一切痛苦、快樂，雜染、清淨果報的原因。

對於迷惑的眾生而言，所造的業會帶來後續的煩惱，煩惱再推動後續的業，如此惡性循環，輪迴不已，

而形成了眾生的種種苦樂果報與世間眾相。這些都是由自身所造作的業所招感,也就是所謂的「命運」。

　　而這些業中,又可分為許多人共同招感的「共業」,及各各不同的「別業」。即共同的命運與個別的命運。像我們所生存的地球這個大環境,就是生活在地球上的生命所共同招感的共業,而同樣在地球上,有的地方富足,有的地方貧瘠,有的國家和平,有的國家戰亂,這就是各別的「不共業」。

　　「業」本來的意義只是單純地意味著「作為」、「行為」,透過身、語、意的造作,雖然剎那間就過去了,但是招感後果的力量卻還是存在的,這就是所謂的「業力」,能引生後續的果報,這種力量也是推動生命不斷出生輪轉的力量。

　　隨著業而來的,就是種種果報,也就是一種行為必然伴隨某種果報,種瓜得瓜,種豆得豆,而形成了業的因果輪迴思想。

業力的三個特性

「業力」有以下三種特性：

1.業力的形成必定是有因有緣

2.微小的業也能形成極大的影響

3.在未受果報之前，業是不會消失的。

以下我們分別來探討。

(1)業力的形成必定有因有緣

現前遭受的果報，必然是往昔所造作的業力，有因有緣所形成的。

以我們此生為人來說，也是由於往昔所行的業力所招感。在種種業中，有一類特強的業力，在有情臨命終時，能吸引其投生到六道中的某一道，或生於天上、人間，或墮地獄，或墮於畜生、餓鬼，各自由不同的業力所招感。這種會招感吸引到六道的業力，稱之為「引業」。

在《成實論》卷八的六業品中就說，投生於地獄道的人，是造了「地獄業」，也就是極為重大的惡業，而且毫無悔意。

引業──吸引眾生投生六道的業力

投生為畜生道的人，則是造了「畜生業」，也就是中等的惡業，或是造惡之後心中有悔意者。

投生為餓鬼者，則是造了「餓鬼業」，也就是較輕的惡業，或是才一造惡心中就生起悔意。

投生為人者，則是造了「人業」，也就是行一般的善業。

投生為天神者，則是造了「天業」，也就是行較大的善業，投生到欲界的六層天界。

此外，如果是行「禪定業」者，則能招感色界、無色界等更高階的八個天界，投生於彼處。

除了能吸引眾生投生於各道的「引業」之外，還有在各道中圓滿與否的「滿業」。例如，同樣生而為人，又有著千差萬別，人有男、女的性別，有的長得美好莊嚴，有的醜陋無比，有的人說起話來音聲音甜美，有的人一開口像破鑼嗓，有的享受富貴榮華，有的一生窮困潦倒……雖然同樣有著投生為人的業力，但個別的業力與圓滿程度又有著種種差別，則稱之為「滿業」。無論是那一種果報，這種種差異，必定是有因有緣，由往昔的業力所形成的，非無因無緣。這是第一個對因果業力必須要有的認識。

滿業——同類的眾生中圓滿與否的業

(2)微小的業也能造成極大的影響

　　即使是微小的業力，在各種因緣條件之下，卻可能造成極大的果報。著名的混沌理論（chaos theory）的根據，即是一隻蝴蝶搧動翅膀，竟然在遙遠的國度裏引起颶風。在詹姆斯・格克的《混沌學》中，提到了一首有趣的民謠：

>　「少了一顆釘子，丟了一塊蹄鐵；
>　　少了一塊蹄鐵，丟了一匹戰馬；
>　　少了一匹戰馬，丟了一個騎手；
>　　少了一個騎手，丟了一場勝利；
>　　少了一場勝利，丟了一個國家。」

　　這首民謠也生動地說明了混沌理論。

　　業，也有這種特性。如小小的善業或惡業，如果不斷的造作，就會積集而成重大的業力。就如同《法句經》所說：「勿輕小惡，以為無殃，水滴雖微，漸盈大器。」不要輕忽微小的惡業，以為不會有什麼嚴重的後果，就像水滴雖然微小，滴久了也會積滿大容器。

　　善業也是如此。古德說：「勿以惡小而為之，勿以善小而不為。」也是同樣的道理。

　　在《佛說罪福報應經》中記載，有一次佛陀在從迦毗羅衛國往舍衛國祇樹給孤獨園的路上，二國國界交接處有一株大樹，即尼拘律樹，高二十里，枝布方圓，蔭

覆六十里，樹上有數千萬斛，吃時香甘，味甜如蜜。當
果實熟落之後，人民取來食用，眾病皆除，眼目精明。

　　於是佛陀告訴阿難：「大眾積聚福報，就如同此
樹，本來只有種一個小核，漸漸長大，所利益的眾生卻
是無限。」

種子與大樹的啟示

　　相同的道理，如果本來是輕微的惡業，但如果自己
做了之後，還沾沾自喜，甚至向他人誇耀，影響他人，
這樣的不斷隨喜惡業，小惡的力量也會廣大起來。善業
也是同樣的道理，雖然只是小小的善業，但如果自己能
時時生起歡喜心，對他人的微小的善行也經常隨喜，日
久產生的果報也是不可思議的。

　　《大智度論》卷八中曾記載著一個故事：

　　往昔，佛陀由阿難隨侍弘化諸國，前往舍婆提國的
婆羅門城。婆羅門城的國王聽到這個消息，非常不安。
因為他知道佛陀威神德能化育眾生，感動群心，他心
想：「現在佛陀來到此地，聽了佛陀說法之後，誰會
樂於供養我呢？」於是他就下令：如果有人供養佛陀飲
食，或是和佛陀說話，就要罰五百金錢。

　　因此當佛陀與阿難持鉢入城乞食，城裏的居民都閉
門不應，佛陀只好空鉢而出。

　　當時，有一位老僕婦，拿著破瓦器盛著餿食出門丟

棄，正好遇見佛世尊持著空鉢，她看到佛陀相好，金色白毫，肉髻發出光明，深知佛陀必定是個偉大的修道者。但是他的鉢卻是空空如也。

她心想：「佛陀如此神人，應該受到天神的供養，食用天廚妙供，但是如今卻降尊紆貴，親自持鉢行乞，一定是慈愍一切眾生，為了讓眾生種植福田的緣故！」

老婦人生起清淨的信心，想以上好的食物供養佛陀，卻無能為力。於是她恭敬地捧著餿食，慚愧的對佛陀說：「願我能準備妙好天供來供養佛陀，但卻沒有能力，現今只有這粗弊之食，如果您不嫌棄的話可以取用。」佛陀知道她的心信敬清淨，於是伸出手，以鉢接受其供養。

此時佛陀熙然微笑，口中發出五色光，普照天地之間，還從眉間白毫相入。

阿難見到這個奇異的景象，請問佛陀：「世尊！您為何微笑呢？」

「阿難，你看見這位老女人以清淨信心而施佛食嗎？」

阿難回答是的，世尊。」

「這位老女人因為佈施佛食的緣故，在來十五劫中，將於天上人間受福報快樂，不墮於惡道，後得男子身，出家學道，成就辟支佛，而入無餘涅槃。」

當時，旁邊有一個婆羅門聽到了，譏諷地說：「佛陀啊！再怎麼樣你也是高貴的剎帝利種姓，出家之前貴

佛陀以大樹與種子來比喻：極微小的業因可以形成極大果報。

為淨飯國王的太子，現在怎麼為了受用供食而說大妄語！供食如此的臭穢的食物，怎麼可能得到你所說的殊勝果報呢？」

佛陀於是反問婆羅門：「你認為我說的事太神奇，那麼你曾見過世間有什麼希奇罕見之事嗎？」

婆羅門說：「見過，以前我和朋友們一起出遊，在途中曾見到一棵巨大的尼拘盧陀樹，它的樹蔭能覆蓋來往商人五百輛車，都還足足有餘呢！」他生動地描繪著。

佛陀問他：「那麼，尼拘盧樹的種子有多大呢？」

婆羅門回答：「很小，大約只有芥子的三分之一大吧！」

佛陀問他：「誰能相信你的話呢？樹這麼大，而它的種子卻這麼小！」

婆羅門說：「真的！世尊！我親眼見到的，絕無說謊！」婆羅門漲紅了臉堅稱。

佛陀微笑地說：「那麼，我和你一樣，絕對沒有妄語。我見到這個老女人以清淨信心來佈施，而得大果報，就如同此你看到巨大的尸拘盧樹因地雖然微小，果報卻是如此龐大。由於這個女人的清淨信心，再加上如來是最上福田，因此會獲得不可思議的福報啊！」

婆羅門心開意解，五體投地向佛懺悔，在城街裏大聲呼喊著：「各位啊！無死的甘露門已開啟，為何不出來迎接呢！」於是城裏的居民都好奇地走出來，婆羅門

向他們轉述方才的事及佛陀的譬喻教誨，於是大家都自動到國王那兒，甘願繳交五百金錢的罰款，而迎接佛陀至家中供養。最後婆羅門王也深受感動，和臣民一同皈命於佛。

尼拘律樹

尼拘律樹（梵名nyagrodha）又稱尼拘類樹、尼拘羅樹、尼拘屢樹、尼拘盧陀樹、尼拘陀樹或諾瞿陀樹。意譯為「無節」、「縱廣」、「多根」。多產於印度、錫蘭、緬甸等南亞地區。

尼拘律樹的形狀類似榕樹，樹幹端直高大，葉呈長橢圓形，葉端為尖形，枝葉繁茂，覆地廣大。有下垂的氣根，到達地面後又長出氣根而向四周擴張生長。果實類似無花果，大如拇指頭，內含無數的小種子。材質堅硬耐用，經常用於建築物的支柱或各種器具的橫木等。

《慧琳意義》卷十五中說：「此樹端直無節，圓滿可愛，去地三丈餘，方有枝葉，其子微細如柳花子。唐國無此樹，言是柳樹者，非也。」同此書的卷二十三又說：「其樹葉如茸葉，子似枇杷子，子下承蒂如茸。」

(3)未受果報前業力不會消失

在《大智度論》卷五中說：「積集諸業乃至百千萬劫中，不失、不燒、不壞，與果報時不亡。是諸業能久住和合，時與果報。如穀草子在地中得時節而生，不失不壞。」

在偈頌中又說：「

生死輪載人，諸煩惱結使，大力自在轉，無人能禁止，先世業自作，轉為種種形，業力最為大，世間中無比，先世業自在，將人受果報，業力故輪轉，生死海中迴。大海水乾竭，須彌山地盡，先世因緣業，不燒亦不盡。」

經中的意思是說，業的力量極大，即使經過百千萬劫，高山夷為平地，海水完全枯竭，直到果報現起之時，所造之業還是不會減損、消失的。有業，就會有果報；今生不受報，來生不受報，就是千千萬萬生，業力照樣存在，只要因緣和合，還是要受報的。

復仇的人面瘡

最著名的例子，就是「三昧水懺」中的故事。「三昧水懺」由唐朝的知玄國師所造。為什麼他會造這個懺法呢？其中有一段不可思議的故事：

知玄國師多生之前的惡業歷經多世，還是要受到果報

　　知玄國師在年少還未被封為國師時，曾四處參訪叢林，有一次，他與一位異國僧人一同掛單在一間寺院裏。那位僧人全身長滿了瘡，發出難聞的臭氣，因此附近的僧人都避之惟恐不及。知玄心中非常憐憫，不辭污穢，親自照料他。

　　不久那位僧人的病痊癒了，兩人為了道業各奔前程，在臨別的時候，那位僧人為了感激知玄和尚的德風道義，就對他說：「你以後如果遇到災難，可以到西蜀彭州九隴山來找我。山上左邊兩棵大松樹連在一起，就是我居住的地方。」說完兩人就分別了。

　　後來知玄和尚因為德行高深，深得唐懿宗尊崇，就封他為國師，號「悟達」，還賜給他一座沉香莊飾的寶座，悟達國師坐上寶座之後，生起一念傲慢心，心想自己現在是一人之下萬人之上了。

　　沒多久，他的膝蓋上忽然生出一個瘡，像人的臉一樣，還有嘴吧，每次還要用飲食餵他，而這個怪瘡也能像人一樣開口吃東西。他得了這個怪病，苦不堪言，遍請各地的名醫，但是都束手無策。

　　這時他想起過去那位僧人臨別所說的話，於是就動身前往西蜀彭州九隴山去尋訪。他依言找到了兩棵並立松樹的所在，旁邊是一座金碧輝煌的殿堂，那位僧人果然在其中。兩人相見甚歡，知玄就把所患的怪疾告訴他，僧人加以勸慰，並叫他用寺旁的泉水清洗即可痊癒。

　　第二天清早，僧人就命一個童子引領知玄到巖下清泉的溪旁清洗，他剛要捧水洗人面瘡時，人面瘡竟然大聲呼喊：「等一下，法師，在我們這段因緣了結之前，我有些話要告訴您。」

　　知玄看到人面瘡竟然開口說話，實在太驚訝了，也停下了動作。

　　人面瘡繼續說：「法師，您知識廣博、見解深遠，但不知是否曾讀過西漢書上，袁盎與晁錯傳呢？」

　　國師回答說：「曾經讀過。」

　　人面瘡就說：「您知道嗎？往昔的袁盎就是您，而晁錯就是我，當時晁錯被腰斬時，心懷怨恨，因此累世都在尋求報復的機會，可是您十世以來，都出家為僧，而且持戒嚴謹，使我沒有機會報復。直到您受到皇帝的恩寵，生起名利的驕慢心，使德行虧損，也讓我有機會報仇。

　　現在承蒙聖者迦諾迦尊者出面化解我們之間的恩怨，以三昧力加持，賜我三昧法水，讓我得解脫，今後我也不再與您為難了。」人面瘡說完了，就安靜了下來，像睡著一般，面容非常安詳。知玄取了泉水洗濯之後，瘡口果然痊癒了。

　　知玄親身經歷這段驚悚的業報，感慨不已。也感於尊者恩德，於是造了「三昧水懺」的儀軌，幫助後人懺除業障。而這個故事，也正是說明即使歷時久遠，業力還是不壞失的明證。

三昧水懺

三昧水懺是懺法的一種，懺法是是悔除所犯罪過，清淨身心的一種修法儀軌。

中國佛教中的懺法，起源於晉代，漸盛於南北朝，至隋、唐大為流行。

懺法內容採用大乘經典中懺悔和讚佛的內容而集成，以種種形式流行，從而產生許多禮讚文和懺悔文，到了唐代的智者大師時，遂具備了獨自的形式。

《慈悲三昧水懺》是唐代知玄法師，因依宗密《圓覺經修證儀》所錄成，共三卷，流行於世。

其他常見的懺法還有依《大悲心陀羅尼經》而編成的「大悲懺法」，是懺罪而往生西方淨土的「淨土懺」，依《藥師經》而造，作為消災延壽的「藥師懺」，及多用於度亡的「地藏懺」。

4 業力造作的工具
——身、語、意三業

　　身業是身所作業，即行為；口業指口所說業，即言語；意業是意所起業，即意念。人類造作善惡諸業，即由身、語、意三者所造作。

　　身、語、意三業，特別是人類造作力量的主體。身體的力量、語言的力量、意識思惟的力量，身語意三業的力量，使人類能夠在生命界（地球）造成領導力量的主要根源，也是所有人類生命中造作善與惡的根源。

　　這三部分在人類身上是十分特殊的，這與其他生命體有所不同。在身體方面，其他動物雖然比我們強壯，卻無法像人類一般靈活，能使用各種工具，只是很本能的生存。

　　在語言方面，雖然其他動物有他們特殊的傳遞方式，但這種語言的力量不如人類語言的力量大。尤其是人類能夠組織語言和別人溝通，甚至用語言傷害別人或是用語言使人歡喜等等。另外，我們在意識上的了知能力、判別能力、思維能力都和其他動物不同。所以，身、語、意三業可以說是造成人類生命造業的主體。

業力由煩惱迷惑而產生，透過我們的身（行為）、語（語言）、意（意念）來造作，而感受種種苦果。在佛法中以「惑業苦」（迷惑→造業→苦果）來說明這種因果關係。

在《大般涅槃經》卷三十五，提到所謂的「五業根」，也就是五種造作業力之根。它們分別是：

1.舌根，又作語具、口聲，有言語作用。

2.手根，有執持作用。

3.足根，又作腳根，有行步、移動的作用。

4.男女根，又作人根、小便處，有戲樂與繁殖的作用。

5.大遺根，又作大便處，有除棄糞穢的作用。

業的造作就是透過我們的身、語、意諸根來完成的。

而透過身、語、意的造作所形成的業，也有善業、惡業與無記業之分，分別招感樂報、苦報。

業力果報形成的過程

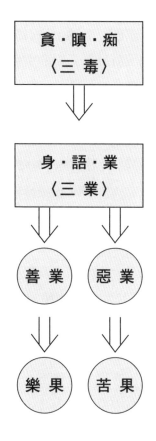

招感樂果的善業

在我們平日所造作的業中，有的業會招來煩惱苦果，這就是所謂的「惡業」，有的業會帶來幸福快樂，也就是所謂的「善業」，有的業則是沒什麼影響，這種業稱為「無記業」。

以上這三種類型，是業所作用的依據，也是眾生招感苦樂果報的通路，因此又稱為「作業道」或「根本業道」。主要的有十善業道與十惡業道。

在佛法中，將世間的善行總攝為十種大類，也就是所謂的「十善」（梵daśa kuśala-karmāni）它是以三種身業──不殺生、不偷盜、不邪淫，四種語業──不妄語、不惡口、不兩舌、不綺語，及三種意業──不貪欲、不瞋恚、不邪見，所組成的十種善業。

這十種善業，是死後不會墮入惡道，得以往生人間、天上的要件。在《雜阿含經》卷三十七中說：「十善業跡因緣故，身壞命終得生天上。」《中阿含經》卷三〈伽彌尼經〉中也說：「此十善業道，白有白報，自然昇上，必至善處。」

十善業的基本意義如下：

1.不殺生：指不殺害眾生的生命。

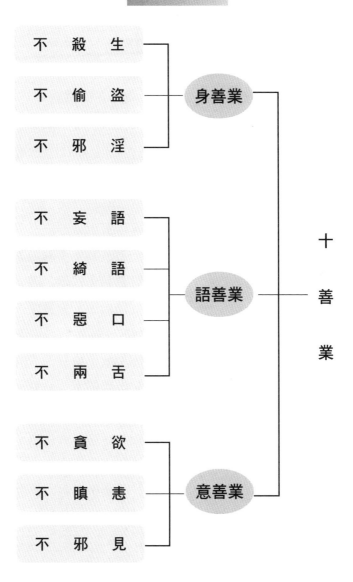

2.不偷盜，指不侵佔奪取他人的財物。

3.不邪淫，指不與配偶之外的人行淫。

4.不妄語，指不講虛誑騙人的話。

5.不惡口，指不說粗暴及使人不悅的話。

6.不兩舌，指不說離間他人的話。

7.不綺語，指不說出於散亂心的雜穢語。

8.不貪欲，指對他人的財物資用不生貪心，不願不求。

9.不瞋恚，指對眾生永捨瞋恨、怨害、熱惱，常思順行、仁慈。

10.不邪見，指心住正見，了解事物不誑不曲。

其中不殺生，尤其以不能殺人為主；殺人和自殺都是殺生。而興起殺人意念，製造殺人武器、教唆殺人等種種殺人方便也在此列。而在所殺害的對象中，又以殺諸佛、聖人、師長、父母等為重大惡業。

不偷盜，除了單純的不能偷取、搶奪他人的物品之外，如果偷取整個社會資糧，而將成本丟給社會，則果報更重。像現在常見的「黑心食品」，以廉價的原料，製成有害人體的食品，或是嚴重破壞生態環境，都是屬於偷盜的惡業。

不邪淫，除了不與配偶之外的對象行淫之外，更不去破壞修道者的淨戒。

以上三者屬於身善業，再來是語的善業。

不妄語，最重要的是不能未證聖果而自言得證，這

是妄語中的大妄語。

不兩舌，是不存破壞他人和諧的動機，到處搬弄是非，挑撥離間。

不惡口，是不說粗惡、使人難堪的語言，如辱罵、冷嘲熱諷、尖酸刻薄的批評、惡意攻訐等。

不綺語，是不說沒有意義或是虛情假意的話。

在十善業中，語業佔了極大的比例，正可以說明言語的影響之深遠。

十善業的後面三者是屬於意業的範圍：

離貪欲，是對於他人的財物、妻室（丈夫）、權位，不起貪戀而欲得的心理，不作取得他財等計劃，自己安分知足，離貪欲心。

離瞋恚，是對他人不起瞋恚忿恨心，不作損害他人的設想。

離邪見，是具足正見，正見有善惡、業報、因果等。

意業雖是內心的，但發展出來，就會成為身業及語業。

十善業除了是世間善行的總稱外，在大乘佛教中也將十善業視為解脫修行的基礎，依此來修學解脫的智慧，菩薩的悲心，則能成就聲聞、緣覺乘，乃至成就菩薩與諸佛的無上圓滿大覺。

十善業總攝了一切善業，是一切善業的根本，在大乘法中，屬於菩薩戒；為菩薩所應行，也是聲聞、緣

覺、天、人──一切善行的根本。像《海龍王經》中說：「諸善法者，是諸人天眾生圓滿根本依處，聲聞獨覺菩提根本依處，無上正等菩提根本依處。何等名為根本依處？謂十善業。」又說：「十善業道，是生人天，得學無學諸沙門果、獨覺菩提，及諸菩薩一切妙行，一切佛法所依止處。」「十善業」也稱「十善戒」。在《華嚴經》〈十地品〉、《優婆塞戒經》等，都認為十善道為菩薩戒，也就是菩薩所應遵守的。而菩薩所行的十善業，更加深入、廣大、細密。

佛法中的五戒、十善，同為保護我們在世間生活之中，不會墮入惡道的基本行為規範，五戒是止惡，而十善是揚善，都能使我們獲得世間的良善果報，能生於人道、天道善處，不會生於惡道，也是修行解脫，乃至圓滿成佛的基本業行。

慈心護生延壽的小沙彌

《雜寶藏經》中有一則故事，是關於一個小沙彌救了螞蟻，護生而延壽的故事。

以前有一位羅漢比丘，帶著一個小沙彌在山中修行。有一天，羅漢比丘以神通觀察，發現小沙彌只剩下七天的壽命，就將他叫來，告訴他：「你出家也好長一段時間了，都沒有回去探望父母，你就回去看看他們，八天以後再回來」。

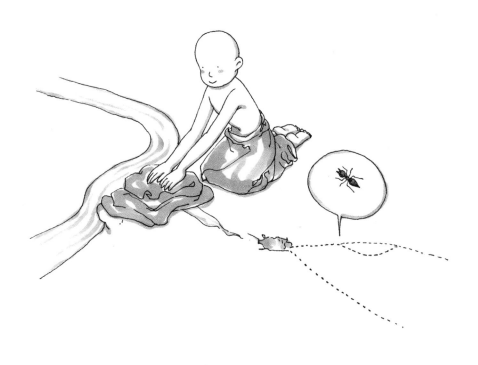

小沙彌慈心護生而獲得現世延壽的善報

　　小沙彌聽了師父的話，收拾行囊，拜別師父，準備回家探望父母。

　　在下山途中，遇上滂沱大雨，他趕忙找地方躲雨。

　　這時，他看見旁邊有個蟻穴，被雨水所沖，許多螞蟻漂流其上，即將命亡。小沙彌立刻脫下身上的袈裟，用來將土聚合起來，造成水道讓水順利排出，不再灌入蟻穴，並將漂流的螞蟻們安全地送到乾燥的高處。

　　等雨停了之後，沙彌繼續啟程，回家歡喜地拜見父母，到了第八天，回到山上。阿羅漢比丘遠遠地看見沙彌回來，感到很奇怪，他不是早該命亡了嗎？於是入於三昧以神通力觀察，才發現原來小沙彌以慈悲心救了許多螞蟻，而獲得現世延壽的果報。

　　沙彌回到山上，頂禮師父之後，在一旁坐下。比丘很歡喜的告訴他：「你作了大功德，你知道嗎？」

　　小沙彌滿臉疑惑地回答：「沒有啊！師父，我這幾天都在家裏陪父母親，並沒有作什麼功德。」

　　「你本來只剩下七天的壽命，所以師父不忍心，讓你回去見父母最後一面。沒想到你在路上救了許多螞蟻，而獲得現世延壽的果報，增長世壽八十多年。」

　　沙彌聽了非常歡喜，深信善惡業報，因果昭然，於是更加勤修精進不懈，最後也如同他的師父一樣，證得阿羅漢聖果。

招感苦果的惡業

善業能感得快樂的果報，惡業則會招致煩惱苦果。

惡（梵pāpa），是指能招引可厭之果之不善法，有違理背法、違損自身與他人，與貪、瞋等煩惱相應，障礙破害聖道等性質。在《俱舍論》卷十六中如此形容：「由此能感非愛果故，是聰慧者所訶厭故，此行即惡，故名惡行。」《法界次第初門》中也說：「若人能知惡是乖理之行故，現在將來由斯招苦，則必須息惡行善。」意思是說，惡業能招來苦果，為智者所訶，應止惡行善。

與善業相對的，即是「惡業」。惡業是指我們的身心由於貪、瞋、痴三種根本煩惱的推動，經由「身」、「語」、「意」三者而以肢體、語言、心念造下種種惡業，而招感種種苦果。

佛法中將惡業的型態分為「五惡」、「五逆」、「十惡業」等。

「五惡」，指為五戒所禁止者，即殺生、偷盜、邪淫、妄語、飲酒。「五逆」，一般指殺母、殺父、殺阿羅漢、出佛身血、破和合僧，也就是殺害父親、母親，殺害開悟的阿羅漢聖者，及破壞僧團的和合，使修道者

無法安心修行，悟道解脫，這五種重大的惡業，能令人落於無間地獄，受到無窮的苦果，所以稱為「五無間業」，是惡業中極惡極大者。而「十惡業」則是相對於十善業的業行，即殺生、偷盜、邪淫、妄語、兩舌、惡口、綺語、貪欲、瞋恚、邪見。如果平常慣於行十惡業者，將落入地獄、畜生、餓鬼等三惡道受苦。

無間地獄

「無間地獄」就是我們常聽說的「阿鼻地獄」（梵名 avīci），為八熱地獄之一。

《觀佛三昧海經》卷五〈觀佛心品〉中說：「云何名阿鼻地獄？阿言無，鼻言遮；阿言無，鼻言救；阿言無間，鼻言無動；阿言極熱，鼻言極惱；阿言不閑，鼻言不住。不閑不住，名阿鼻地獄。阿言大火，鼻言猛熱，猛火入心，名阿鼻地獄。」這個地獄乃是八熱地獄中苦惱最甚者，犯五逆罪及謗法者，即墮此極苦最惡的大地獄。

無間地獄有五種無間，在《翻譯名義集》卷二舉出趣果無間、受苦無間、時間無間、命無間及空間無間等五無間

(1)趣果無間，是指造下五逆重罪者，命終之後立即生於此處。

(2)受苦無間，中間完全無任何樂受故。

(3)時間無間，在一劫那麼長的時間中，相續不斷地受

苦，而罪人也感覺到時間無間。

(4)命無間，在受苦的期間，罪人不會死亡，一直到罪業消盡為止。

(5)形無間，指空間無間，無論多大或多小的空間，罪人都感覺只有自己在受苦。

根據《大樓炭經》卷二〈泥梨品〉所記載，墮此阿鼻地獄的罪，眼但見惡色，耳但聞惡聲，口所食但得惡味，鼻所聞唯是惡臭，意所念唯是惡法，且有火燄自東、西、南、北、上、下等六面而來，燒炙於人。連彈指那麼短暫的休息都沒有。

阿鼻地獄的情況如何呢？根據《觀佛三昧海經》〈觀佛心品〉中描述，阿鼻有地獄七重鐵城、七層鐵網，周匝七重都是刀林，一一隔間有八萬四千條鐵蟒巨蛇，口中吐著毒火。又有五百億蟲，每一隻蟲都有八萬四千嘴，嘴頭流出火焰，像火雨一般，遍滿阿阿鼻城。當此蟲降下時，由於其中的景象，阿鼻地獄的猛火更加熾烈，赤光火燄照達八萬四千由旬。由於所有的八萬億千大苦都集於此城，所以阿鼻地獄又稱為八萬地獄。

宣說邪見入於拔舌地獄受苦

佛陀在世時，具足大神通的舍利弗與目犍連尊者，經常前去觀察地獄、餓鬼、傍生、人、天五趣，救度眾生。

有一天，他們正好巡視到無間地獄，看見地獄裏的罪人受著地獄猛火的熾熱之苦，於是舍利弗就對目犍連說：「尊者，請為此無間地獄的有情息滅猛烈火之苦。」於是目犍連就昇到虛空中，在地獄上方降注洪雨，如車軸輪轉，於是地獄中猛烈的火焰，隨著空中之雨所澆到之處就熄滅了。

過了一會兒，輪到舍利弗來幫忙。於是舍利弗入於勝解三摩地，降注大雨，讓無間地獄全部化濕，眾生皆得清涼，痛苦也暫時止息。

這時，他們忽然看見一個熟悉的身影──執杖外道的導師晡剌拏。生前他主張無因無果論，否認善有善報，惡有惡報的觀點，認為善業、惡業與善報、惡報並無關聯。由於他所倡導的無因無果論，讓無量信眾誤入歧途，因此死後落入拔舌地獄，舌頭被拉得長長的，上頭有五百鐵犁耕墾，讓他流血痛苦不已。他生前倡導的學說，否認善有善報，惡有惡報，他認為善業、惡業與善報、惡報並無關聯。讓許多愚痴信從的人不但不再努力行善，有的甚至愚痴地造作惡業。

惡業的種類

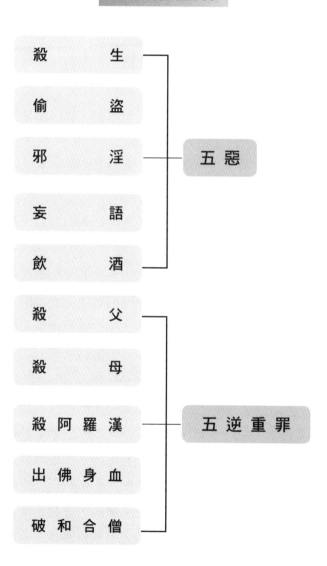

目甫制拏在地獄中受著無盡的苦刑,幸而二位尊者施大法雨,暫時止息了他的痛苦。

他看見二位尊者,哀求地說道:「大德!您回到人間時,請告訴我的門徒:由於我生前口說邪法,欺誆他人,由此惡業力墮於無間地獄,舌上有五百鐵犁,耕墾流血,受到極大苦惱。尤其當我的弟子供養我的塔墓時,我在地獄中身的苦痛倍更增劇,請告訴他們從此以後勿再供養,免得增加我的痛苦。」

可見倡導錯誤的思想、觀念,影響深遠,所遭感的果報也不可思議。

由於惡業像塵垢一樣,能污染人的身心,所以又稱為「業垢」、「業塵」。

也有以火、魔、賊來比喻惡業者。相傳在地獄裏,有所謂的「業鏡」,就是專門照眾生善惡業的鏡子,每個人生前所作的善業、惡業,都會在其中清楚的顯現。有時則是用秤或是記錄簿等,也就是所謂的「業鏡」、「業秤」、「業簿」。

在佛經中關於善業、惡業輕重的程度,有各種不同的判定方式,以下僅約略說明。在大智度論卷七十二中,將善業與惡業各分成三種等級:「*世間有三種人,惡、大惡、惡中惡,善、大善、善中善。*」

經中說:「*惡者如人以惡事加己還報之以惡事。…大惡者如無人侵己而以惡加人。惡中惡者,如人以好心供給慈念,而反以惡心毀害。如是等惡名惡中惡。*」如

三 福 業

1. 孝養父母，奉事師長，奉行十善

2. 受持三皈、五戒

3. 發菩提心

往生極樂世界   三世諸佛
淨業業因

果是被人施以惡行而以牙還牙,如此是一般的惡業,如果是人不犯己而主動以惡行加諸於人,則是大惡。如果是對自己有恩者,反而以惡心加害,如此則是惡中的極惡之人。

同樣的,善也有三種等級,經中說:「善者如人以好事於己還以善報,大善者如人於己無善,而以善事利益。善中善者,如人以惡事害於己而以善事,乃至身命供養,是名善中善。」如果對他人的善意也以善意回應,這是一般的善。如果是主動行善利益他人,這是大善。如果對傷害自己的人,也同樣以善心善行回報,乃至以身心性命供養,那麼這就是善中之善了。

除了善業之外,還有所謂的「三福業」,也就是指三種在往生後能前往極樂世界的三種福業,又稱作「淨業」,也就是往生淨土的業因,分別指:「世福」、「戒福」、「行福」三種福業。《觀無量壽經》中說:「阿彌陀佛去此不遠,汝當繫念諦觀彼國淨業成者,我今為汝廣說眾譬,亦令未來世一切凡夫欲修淨業者,得生西方極樂國土。欲生彼國者,當修三福:

一者孝養父母,奉事師長,慈心不殺,修十善業。

二者受持三歸,具足眾戒,不犯威儀。

三者發菩提心,深信因果,讀誦大乘,勸進行者。

如此三事,名為淨業。

佛告韋提希:「汝今知不?此三種業乃是過去、未來、現在三世諸佛淨業正因。」

　　經中說,「世福」是孝養父母、奉事師長、修持十種善業,即包含了世間一切善行;「戒福」是受持三皈依、五戒乃至具足眾戒;「行福」是發菩提心而行佛道。這三種福業,能招感往生極樂世界的福報,是往生淨土的業因。其實,這三種福業同時也是過去、現在、未來三世諸佛清淨之業的業因。

定業與不定業
——受報的時間與方式

　　我們所造的業中，如果依所招感的果報之確定性而言，可以分為「定業」與「不定業」。如果所招感的果報與時間都確定了，就稱為「定業」，如果其中有一者尚未確定，則稱為「不定業」。

　　有的業要感何種果報，是決定了；但是在什麼時候受報，現生或來生，是不決定的。有的則是受報的時間是決定的；但是所招感的果報則還沒有決定。有較輕的業，則是時間與果報都尚未決定的，這樣的業稱為「不定業」。

　　有的業則是所感的果報、受報的時間都確定的，像造作「五無間業」——殺父、殺母、殺阿羅漢、出佛身血、破和合僧的惡業，來生一定要墮入無間地獄受苦的。像這種就屬於「定業」。

　　《瑜伽師地論》卷九十中說，「定受業者謂故思所起重業，不定受業者謂故思所造輕業。」這是說定業是因為所造的為「重業」，不定業則是因為所造的業為「輕業」。

　　重業是如何形成的呢？《瑜伽師地論》又說而在決定果報是否確定的因素上，首先是對某種行為，在心所意樂的程度上，如果是極為強烈，後續不斷意想，無間造作，長時間累積，加上不斷稱揚，教他人作，如此輾轉不斷，則是形成重業、定業的原因。

　　此外，像殺害父母等這種重大的惡業，也是重業的類型，成為定業。

　　但是，換一種角度來看，一切業其實都是不定的，端看改變的決心與力量夠不夠大，是否足以改變原有的結果。就像《鹽喻經》所說，即使是造了重大的惡業，只要有足夠的時間，能痛下決心改變，勤加「修身、修戒、修心、修慧」，如此重業也是可以輕受，或不定受的。

　　佛陀舉了一個例子來說明業果改變的道理。就像在長江大河中，即使投入大量的鹽，也不會感覺到水變鹹。相反的，如果造作較輕的惡業，卻不知道修身、修戒、修心、修慧，如此還是要招感苦報的。就好比在小杯的水中，即使只放入少量的鹽，水還是很鹹的。由此可見，業報的決定與否，個人的決心與意志有著很大的影響力。在業報尚未發生之前，都有改變的可能。這種不確定性，也是佛法所說的「無常」，而能以精進的力量來改變。

　　一般對懷疑業力因果的人，大多是看見無惡不作者，卻享受著榮華富貴，一心行善的人，卻困頓窘迫，

因此對業力、因果產了懷疑。這點在《成實論》中有如下的討論。其卷八中說：「行惡見樂者，為惡未熟，至其惡熟，自見受苦。行善見苦，為善未熟，至其善熟，自見受樂」意思是說，那些行惡卻享受快樂的人，是因為他們的惡業果報尚未成熟，等到惡業成熟時，自然受到苦果。而那些行善卻際遇坎坷的人，是因為他們的善業果報尚未成熟，等到善業成熟時，自然受用種種快樂。也就是俗語說的：「不是不報，時候未到。」

佛陀住世的時代，有一個年輕的屠夫，求見阿闍世王，向大王請求一個奇怪的願望：「大王，在節會祭祀時，必須有人負責屠殺牲畜，請大王賜我盡情的屠殺。」

阿闍世王很奇怪，就問他：「這種屠殺的事，大部份的人都不願意擔任，你為什麼反而自願請求呢？」

「因為我往昔就是由於屠羊而獲得生天果報的。」屠羊人回答。

原來這個人自稱他天生就具有宿命通，能看到前生之事：「往昔我原來是個窮人，以屠羊為業，得以生活，也因此而得生四天王天，天壽盡後來投生人間，又再繼續屠羊，死後又投生於天上，如是六世皆以屠羊為業，而能六次生於天上。」

阿闍世王對他的話感到很懷疑，就去請問佛陀。

佛陀說：「他沒有騙你，因為他看到的現象確實是如此。但是這個人的神通有限，剛好只能看到他的第六

定業與不定業

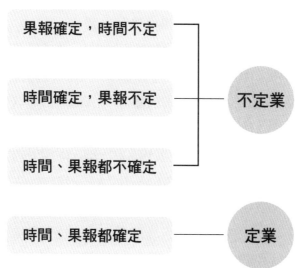

輩子之前，無法看到他的七生之前，加上他對業力沒有正確的見解，所以，他不知道自己積福的業行與造罪的業行為何。

事實上，他得以生天的功德，是因為他在七世之前，曾經遇到一位辟支佛，因為這位辟支佛相好光明，具足威儀，他看了心中非常歡喜，至心諦觀，生起善心，因為這個功德，而能六次生於天上，而且具有天生的宿命通。」

當時他所造的福報成熟了，所以受生天上，但那時他屠羊的惡業尚未成熟，所以未報。

他也不知道，當他今生命盡時，就會落入地獄受諸苦毒。由於他的宿命通很淺薄，只能看到前六世，才會誤以為屠羊是他生天的原因。」佛陀如是告訴阿闍世王。

七天以後，屠夫果然命終，落入地獄受苦。

有的人感歎天道不公，壞人逍遙自在，好人卻往往受盡磨難，卻不知道「不是不報，時候未到」，確實是不能以短暫的眼光來論斷因果，否則就像那位愚痴的屠羊人，誤以為屠宰畜牲是生天享福的業因，而樂此不疲，卻造下了極重的殺業，反而落入地獄受苦。

再從受報的時間確定與不確定上，業又可分為四種類別：

第一種是此生所造的業現生受報（順現業），也就是俗話說的「現世報」。如果是重大的善業、惡業，或

是像佛菩薩的威猛大力所行，大多屬於此類。

第二種是今生所造之業，下輩子受報（順生受業）。

第三種是今生所造之業，下輩子之後，可能是很長久的時間後才會受報（順後受業）。

這三種類型稱為「三時報業」，是受報的時間確定的。如果在一輩子無法受盡的業報，則來生繼續。

若再加上第四種「順不定受業」，則是受報的時間不定，不確定在那一生受果報。因此，我們對業力、因果的觀察，不能只限於眼前所見。

如果將時間與所受之果報同時考量，就可分為四種類型。根據《瑜伽師地論》卷六十的說法為：

1.果報確定，時間不定—「異熟定」

2.時間確定，果報不確定—「時分定」

3.果報與時間都確定—「俱定」

4.果報與時間都不確定—「俱不定」

其中第3類為定業，其餘三者為不定業。

懺悔

懺悔，是指悔謝罪過而不再犯。即作罪或犯罪時，皆應懺悔，始得除罪的清淨。是佛法中非常重要的修行法門。

佛陀在世時，佛弟子除了隨時自身懺悔外，僧團並定期舉行懺悔、說戒的聚會，也就是每半月所舉行之「布

薩」，以及一年一次安居之後所舉行的「自恣」。

在此時，若有違犯戒律者，應在大眾面前懺除清淨。

在佛經中，常藉禮拜、讚歎、誦經等來懺悔，或是隨事分別懺悔，這是一般的懺悔法門。此外，觀察實相之理，了悟罪性本空，無可執者，則稱為「實相懺悔」。

在《大乘本生心地觀經》中說懺悔的功德：「若能如法懺悔者，所有煩惱悉皆除。」

懺悔是在三寶前發露自己的罪過，痛切悔改不再錯犯。一切罪業由心而造，經由真實的懺悔，使我們心得清涼，感受到真實的光明幸福。所以經中說：「懺悔之法，是為清涼。」每一天真誠懺悔，不要使罪根殘留心中，才是無上的精進。

除了發露心罪之外，對一切心念覺知過去、現在、未來的心識都是無常的，了知諸法實相覺知造業的主體亦空，是最上的懺悔。所以《觀普賢菩薩行法經》說：「若欲懺悔者，端坐念實相。」就是這個道理。

雖然實相之中，沒有造業的主體，但是業相還是有的；因果依然存在。一切因果宛然，若我們能覺證實相，心中自然光明幸福。

8

業障能不能改變？

一般人在遇到無法解決的困難時，常歎氣地說：「這是我的『業障』！」不管是夫妻相處不和睦，或是子女不順心，都被認為是「業障」。如果是常年受到疾病纏身之苦，則稱為「業障病」。

反正人生種種不如意、不順心的事，都歸因於「業障」。

其實，這並非佛法「業障」的原意。

業障（梵karmāvaraṇa），原來是指能障聖道及聖道加行善根的業。除了「業障」之外，還有所謂的「煩惱障」與「報障」，三者並稱為「三障」。

所謂的「煩惱障」，是指我們心中的貪、瞋、癡等煩惱；「業障」，是指由身、口、意等三業所造作的不善業；「報障」是指因煩惱障、業障所招感的三惡趣果報，現生於地獄、餓鬼、畜生等三惡道。這三種障礙，能阻礙我們修學解脫的聖道，及世間種種善行。

而《北本涅槃經》卷十一、《大毘婆沙論》卷一一五、《俱舍論》卷十七等，則認為，真正嚴重的業障是指「五無間業」，即：害母、害父、害阿羅漢、破和合僧與惡心出佛身血之五種招致無間地獄苦果的惡業。其

餘的惡業並不足以稱為「業障」。

　　然而在《普賢行願品》〈懺悔業障〉文中所指的「業障」，則不限於五無間業，而是指一切不善業而言。

　　一般人在談及「業障」時，總有無法改變的壓抑與無奈，尤其是傳統的中國婦女，當遭遇到家暴時，最常聽見的說法就是：「這是我欠他的，是我的業障。」而不斷的壓抑與隱忍。這種看似相信因果、認命的想法，其實卻是充滿漏洞、完全違背因果的。

　　如果當太太這輩子被丈夫打，是因為上輩子她欠他，那上上輩子必然是他欠她，那上上上輩子呢？…照這樣子推算回去，真是很難理清到底是誰先欠了誰。

　　因果不能只節取片段來看的。而且，這種宿命、認命的態度，完全是違背因果，不但助長他人造下惡業，自心也因為壓抑糾纏而鬱積了更多報復的勢能，即使不在今生爆發，也在未來的生命裏埋下了危機，使兩人更加怨恨糾葛，在來世以不同的形式相互糾纏。

　　就算這真的是前世的惡緣，但是每個人各自所造下的惡業都要各自承擔，不會相互抵消。就像當被舍利弗和目犍連受到瞿波離比丘的惡語毀謗，到處宣稱二位尊者和女人有染。有人問佛陀，為什麼連舍利弗和目犍連這樣偉大的聖者，還會受到惡言毀謗的果報？

　　佛陀告訴大家，這是無數劫前，舍利弗和目犍連還是凡夫時，也曾毀謗聖僧與女子有染，因此死後落入地

獄受苦，經過了久遠的時劫，業報漸漸淡了之後，轉世為人，出家修行。但由於業報未盡的緣故，即使解脫之後，至今還受著惡言譏謗的餘報。

但這是不是表示毀謗他們兩人的瞿波離比丘不必受報呢？不是的，瞿波離因為自身造下的重罪，死後落入拔舌地獄，受著極大的苦楚。可見各自所造的惡業是要各自承受的，兩帳不會相抵。

所以，一個具有智慧的人，了知今生所遭遇到的一切不會是無因無緣而來，但在坦然承受時，也應該以慈悲心制止他人不再繼續造下惡業。像受到家暴的婦女，如果一味的忍氣吞聲，逆來順受，這並不是在向他還債，而是在幫他造業。

如果現在的果是過去的因，那麼現在的互動，是否正在造成未來的另一個果呢？如果忍耐沒有慈悲與寬容做為基礎，那麼反而是不斷的蓄積著另一股怨恨的能量，冤冤相報，輪迴糾纏了。

業的相關辭彙

業因：業是產生果報的原因，因此又稱為「業因」。

業報：由於所作的業而獲得的果報，稱為「業報」或「業果」。

業苦：由業而感得痛苦的果報，稱為業苦。

業結：指惡業與煩惱惡性循環，糾纏不清，所以並稱為「業結」、「業惱」。

業感：由於業能招感果報，所以也稱為「業感」。

過去世所造之業，稱作「宿業」或「前業」。

又以業之如影隨身，故亦稱「業影」。

業能將眾生繫縛於迷界，故作「業繫」、「業障」、「業縛」、「業繩」。業一如網，罩人於迷界，故稱「業網」。

由宿業所獲得之神通力，稱「業通」（報通）。

此外，自己所造之業，必須由自己來承受其果報，稱作「自業自得」。

PART II
因果與輪迴

在這個單元裡……

在這個單元裡，我們要探討的是「因果」與「輪迴」，
種什麼因，得什麼果，「因果」正是命運形成的原理。

關於這個單元

。輪迴思想的起源
。因果、輪迴與命運
。神秘的前世記憶
。「三世因果」的真義

前世今生的恩怨

佛陀安住在羅閱祇城弘化的期間，城裏發生了一件驚悚的新聞，為冥冥中的因果報應作了現世的印證。

一個牛主人牽著新生的小牛到市集裏，不知怎麼搞的，小牛突然間發狂似地奔走，迎面走來的弗加沙王首當其衝，當場被小牛給觸死了。

弗加沙王是瓶沙王的摯友，兩人相交甚篤。弗加沙王從瓶沙王那兒聽聞佛陀的教導，夜間一人獨自省思，對王位權勢等世間的一切，生起無常想，因此一個人悄悄離開王宮，剃除鬚髮，希望隨從佛陀出家修道。

弗加沙王是深具善根的人，聽聞佛陀說法之後，立即證入三果聖者。但是就在他清晨到城裏時，就發生了這樣的慘案。

牛主人覺得這隻小牛太不吉祥了，於是賤價求售。另一個人貪便宜買了小牛，回家的路上走得口渴了，就將小牛綁在井邊，想打一些水喝。沒想到小牛從後面一觝，又將新主人給觸死了。主人的兒子憤而殺了小牛，將牛肉拿到市隻叫賣。

有一個人買了牛頭，放在扁擔裏担回家。走得累了，想在樹下休息一下，又怕牛頭被野狗給叼走，就用

一牛殺三人的慘劇，牽扯著一段前世的恩怨

繩子將牛頭掛在樹枝上。正在樹下納涼休息時，忽然間繩子鬆脫，牛頭掉下來，牛角擊中買主，當場斃命。

　　城裏都在談論著這頭牛一天殺了三人的怪事。瓶沙王聽到好友弗加沙王意外身亡的消息，心中非常感傷，和群臣驅車來到佛陀的精舍，請問佛陀其中的緣由。

「大王，所有的事都是有因有緣的，這頭牛和它所殺死的弗加沙王等三人，其中的恩怨不是只有今世而已。」佛陀告訴瓶沙王一段前世業力的糾葛：

很久以前，有三個商人一起到國外作生意，向一個老婆婆租了房子，暫時住在那兒。他們看老婆婆一人獨居，心中起了壞念頭，有一天，就趁老婆婆外出時，三個人收拾好行李，偷偷的離開，想抵賴不付租金。

老婆婆回來看見屋子空空如也，問了鄰人才知道三個人已經離開了。生氣的老婆婆不顧年老，急急追趕。因為商人的行李多，無法走得快，最後終於被老婆婆追上了。

「你們這些無賴！付我租金來！」老婆婆氣極敗壞，揪住商人的衣服，不讓他們離去。

「你這個老糊塗！租金早付給你了，還在這裏吵什麼吵？」商人冷笑地說著，怎麼也不肯付錢。

老婆婆悲憤地說道：「好！你們欺負我這個孤苦的老人，現在我奈何你們不了，但是我發誓，未來我生生世世都要追殺你們，不管你們身在何處，即使出家修道我也不會放過你們，直到殺了你們為止！」

佛陀說完這段宿世的業因糾纏，停了一下，接著說：「大王，今天的那隻兇牛，就是當時的老婆婆所投胎，被殺的三個人，就是當初那三個賴帳不還，仗勢欺侮孤苦的商人啊！」

輪迴思想的起源

　　輪迴思想源於印度靈魂轉生、靈魂不滅的原理。在西元前七世紀左右古《奧義書》中，對於人死後之命運，曾提出「五火二道」說，這應該是輪迴思想最原始的說法。

　　其中的「二道」是指人死後，經由火葬，靈魂即前往月世界。如果此人生前作善、具足正確的觀念、完成正確的祭祀，那麼不久之後即可離開月世界，而抵達梵天世界，不再返回人間。這個過程稱為「神道」。

　　而另一種人在月世界停留一定期間之後，即隨著雨水而返回人間，不久即進入植物的種子之中，而成為食此種子的人或狗等生命體的精子，最後再生為人或狗等。至於再生為何人或何物，則全依其前生所行之善業惡業多寡而定。這個過程稱為「祖道」。

　　經由祖道再生者，將會再受老死之苦；而由神道抵達梵天世界者則不必再生，因此也不會死亡。

　　這種與業思想結合的輪迴思想，佛教也加以採用，但是在思想上則更加昇華。佛教認為，眾生由於無明與愛執而在三界六道中生死輪迴。

　　三界是指欲界、色界、無色界，六道是指：地獄、

餓鬼、畜生、阿修羅、人、天等六道。

在經論中記載，印度著名的輪迴思想學派，大致上可分為四種：

(1)**印度婆羅門教的輪迴說：**

印度婆羅門教的輪迴思想，也是印度傳統的輪迴思想。他們認為大梵天神是宇宙的創造主，不只創造了人間世界，也創造了其他五道世界。人的靈魂是梵所賦與，所以梵是「大我」，給人的靈魂是「小我」，小我的靈魂居於人類肉體的心臟。如果能經常在森林中修習禪定，就能淨潔自我的靈魂，並以苦行來克服肉體的種種慾望，以對梵天的祭祀來救贖自身所有的罪行，用這種種方式，就能使小我的靈魂得以與梵的大我合一。這樣的行業為善業，如果不如此，死後的靈魂便會墮落到其他惡趣中去。

(2)**瑜伽行者的輪迴說：**

在佛陀的時期，印度已經出現反對婆羅門教的學派，其中最著名的是數論派，它否定自我靈魂是從梵神轉變而來，而主張每個人的自我靈魂是獨立的，而不是依附於神。自我的靈魂原是純精神界的產物，稱為「神我」，因為生起物質的享受慾望，而與物質原素結合，因此失去了獨立性，而開展出這個現實的世界。如果行放縱於慾樂及種種惡業，神我就就會繼續下墮到惡道中去。

他們認為，只有靜修瑜伽行的禪定，制止神我所起

的愛慾，使身如枯木，心如死灰，如此神我才能超脫了物質的囚籠，死後就可以完全歸還到靈的世界。他們認為這就是「解脫輪迴」的境界。佛陀成道前，初出家時所參訪過的兩位修道者：阿羅邏迦蘭與鬱頭羅羅摩子二位仙人，就是數論派當時著名的學者。

(3)宿作因論派的輪迴說：

宿作因論是極端的宿命論者。他們不僅主張今生靈魂上肉體上所受的苦樂是過去世的業所定，甚至連今生的所有一舉一動，也是由過去業所限定的，是徹底的命定論思想。

他們並認為，人就應該這樣聽天由命下去，等待過去的宿業消滅，自我的靈魂也自然會得到解脫。因此，他們認為作惡業固然不對，但也不須造善業，因為行善修持也都是多餘的，不會改變既有的命運。六師外道中的末伽黎拘賒迦葉和迦羅鳩馱迦旃延，是屬於這一派。

(4)順世派否定輪迴說：

由於婆羅門教的種姓制度的嚴格階級限制，人民心靈苦悶，而產生了另一種極端的思想起來反抗，否定了神、否定了靈魂、否定了輪迴，甚至否定了善惡的道德標準。

他們認為人的身體是地、水、火風四大原素構成，進而產生感覺思想，到了死的時候，色身還歸四大，停止了感覺思想的作用，精神也隨之死滅，他們以「油盡燈滅」來比喻死亡的狀況，既無不滅的靈魂，當然沒有

靈魂的輪迴轉世。

因此，他們並不相信今生的善惡行為決定來生的苦樂因果說，殺人的惡業不會招來苦果，佈施的善業也不會招來福報。

此派更倡導：眼前享樂即涅槃，因此放浪形骸，縱情享樂。佛教經論中稱這個學派為「順世外道」，六師中富蘭那迦葉與阿耆翅舍欽婆羅，是屬於這一派。

而佛法中所說的「輪迴」，所涵蓋的範圍更廣，是指眾生由於起心中迷惑而造下種種行業，在六道中流轉生死，如同車輪旋轉一般，循環不已，所以稱為「輪迴」，或是生死輪迴。在《過去現在因果經》卷三中說：「貪欲、瞋恚及以愚癡，皆悉緣我根本而生。又此三毒，是諸苦因，猶如種子能生於芽，眾生以是輪迴三有。」《大乘本生心地觀經》卷一〈報恩品〉中則說：「眾生沒在生死海，輪迴五趣無出期。」

印度傳統的輪迴思想認為人的靈魂（小我）
是宇宙創造者大梵天（大我）所給予的。

因果輪迴與命運

對於人生、命運，乃至宇宙萬有的形成，從古至今都是人們希望了解的命題。

佛法並不承認有一個不變的命運存在，也不認為有一個神或是造物主在主宰著我們的生命。佛陀告訴我們「自業自得」，我們現前所有的一切，無論讓自己快樂或痛苦的，都是自身的業力所招感而來的果報。也就是前世種什麼「因」，來世則得何種「果」。

因果與輪迴的思想，源起於印度。

當初雅利安人入侵印度之時，因為統治的需要，而建立了「種姓制度」，也就是將人民分成婆羅門（祭司）、剎帝利（貴族）、吠舍（平民）、首陀羅（賤族）等四種階級。在這四個種姓之中，婆羅門的地位最為尊貴，首陀羅則是最下等的階級。印度的原住民即被劃為首陀羅階級。

《梨俱吠陀》中的〈原人贊歌〉中說，婆羅門是從宇宙創造者大梵天王的口所出生，剎帝利由其兩腕出生，吠舍由其兩眼出生，首陀羅則從其兩足出生。在這四姓之中，前三種姓被稱為「再生族」（dvija），也就是擁有來生，能再投胎轉世。屬於此族之男子於十歲前

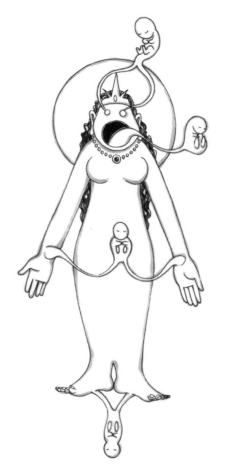

印度神話中，不同種姓的人從大梵天神身上的不同部位所出生

後行入門式（upanayana），具有作為雅利安社會之一員
而參加吠陀祭儀的資格。

　　相對的，首陀羅被稱為一生族（ekaja），只有今
生的生命，沒有來生，不能行入門式，在宗教上、社會
上、經濟上和前三者相較之下有種種差別之不平等待
遇。

種姓制度

古代印度在後期吠陀時代（西元前1000年左右至西元前600年左右），四姓（câturvarṇya）制度已告成立。所謂四姓，即：

(1)婆羅門：指祭司、僧侶階級，可為他人執行祭儀、教授《吠陀》聖典、接受布施。

(2)剎帝利：指王族及武士階級。其職責在於保護人民。

(3)吠舍：指從事農業、畜牧、商業的庶民階級。

(4)首陀羅：指奴隸階級。即被前三階級所征服的原住民，以服務前三種姓為義務。

後世，四姓中的吠舍與首陀羅，由於職業的關係而有所變化，吠舍唯指商人階級，首陀羅則指從事農業、畜牧、手工業等生產工作的一般大眾。隨著此種變化，首陀羅之階級差別漸趨於緩和，而不可觸賤民之差別則漸被強化。另外，由於職業分化、種族差異、社會生活複雜化、宗教宗派相異等因素的影響，階級制度漸趨複雜，而分出更多階級，遂形成今日形形色色之多種階級的社會現象。

西元前500年左右，以恒河流域為中心建設大都市的憍薩羅、摩揭陀、阿槃提等諸大國的國民，由於工商業發達而享受富裕的生活，加上有思想上的自由，因此自由思想家輩出，競發議論，提倡否定吠陀權威的新興宗教。其中有六個較著名的學派，也就是所謂的「六

師外道」，他們代表了當時印度人對生命的主要幾種觀
點：

1. 懷疑論：

他們的導師為珊闍耶毘羅胝子，此派可說是一種直
觀主義學派，對一切問題都不作決定說。例如，他們對
對有無來世、有無果報等等，既不肯定也不否定。他們
認為說有即有，說無即無。所以人們常將此派比喻為難
以捉摸的泥鰍。他們主張踏實的修學禪定，以求得真正
的智慧。

目犍連、舍利弗在尚未皈依佛陀之前，都曾跟隨此
派修學過。

2. 唯物論：

他們的導師為阿耆多翅舍欽婆羅。他們認為地、
水、火、風四大元素是獨立常存的，人和世界都由四大
合成；否認靈魂，人死復歸四大。人生的目的，即以求
得快樂為滿足。

3. 宿命論：

他們的導師是末伽梨拘舍梨，他主張生命中的痛
苦、快樂，並非由因緣而產生，是自然產生，天生如
此。

他們主張沒有業報，沒有父母生身。一切修行都是
空的，無用的。只要經過八百四十萬大劫，到時不管智
愚，都得解脫。就好像拋絲球一樣，縷盡絲完才不滾
了。他認為人身是各種原素構成的，也含有某種程度的

唯物思想。

4. 無道德論：

他們的導師為富蘭那迦葉，他否認善有善報，惡有惡報的觀點，認為善業、惡業與善報、惡報並無關聯。

5. 無因論者：

他們的導師迦羅鳩馱迦旃延，他認為萬事萬物並的形成並沒有原因，是各自獨立的。也否認人的行為能發生什麼影響。他們認為人身是由七種元素構成，七種元素一離開，就是死亡，但元素卻是永久存在的，其中也含有唯物思想。

6. 苦行主義派：

此派的導師為尼乾陀若提子，是耆那教之創始人。他主張今生的苦樂、罪福等，都是前世所造，必須在今生以苦行來償還，而非透過修行來斷除。他們主張：生命不得解脫是由於業力太重的緣故；因此，為了要讓業報加快結束，就必須以苦行來清除業障。

以上這些不同的思想學派，他們對因果論點的錯誤認知大致可分為以下四類：

(1)邪因邪果：將萬物生起之原因歸於大自在天之能力，也就是宇宙唯一的造物主所創造。

(2)無因有果：這種學說承認現存的現象世界為果，但是其認為這些結果的原因太深奧難以探究，因此否定這些結果的起因。

(3)有因無果：這是承認現存的現象世界為原因，但

是由於將來的結果難以探究，因而否定此因之結果。

(4)無因無果：這類學說否認有因果關係存在，認為一切萬象的形成都是偶然，沒有因果關係。

吠陀

吠陀（梵caturveda），是古印度婆羅門教的四部根本聖典。

雅利安民族當初居住於印度西北境時，崇拜日月風雲、水火山川等自然神靈，並深信對之祈禱能獲致現世幸福。

他們所崇拜的神靈，從自然物的當體開始，漸相信其具有道德的性質，能司賞罰與奪。因而，逐漸產生讚頌神靈及祈禱祭祀等詩歌，經彙集成四部寶典，即四吠陀：

(1)梨俱吠陀（讚誦明論）：是雅利安文學最古且最重要的文集，以讚頌一切自然力量的功德為主。

(2)娑摩吠陀（歌詠明論）：為一部歌詠集，是婆羅門僧祭酒時所歌唱之用。

(3)夜柔吠陀（祭祀明論）：為一部獻祭的禱詞。

(4)阿闥婆吠陀（禳災明論）：多屬神咒，為召請神鬼之法。

佛教的因果觀

　　而佛法中對因果輪迴的觀點如何呢？佛陀在成道時，體悟宇宙的實相，即宇宙萬相必有形成的原因，而目前的結果，也正是下一階段的因。這就是所謂的「因果」（梵語hetu-phala），是指「原因」與「結果」，也就是宇宙萬象形成的軌則。

　　一切現象的形成，都是依循著因果的軌則。能引生結果者，稱為「因」，由因而生者，稱為「果」。而在這個過程中，影響的結果的各種因素，則稱為「緣」，由此感得種種快樂、痛苦的果報，稱為「報」，也就是所謂的「因・緣・果・報」。

　　佛陀觀察宇宙的實相，了解一切萬事萬物的存有，都是由於因緣的聚合、分散而有出生、滅失，依因緣而起，所以稱為「緣生」、「緣起」。佛法中以束在一起，相互依靠而站立的蘆葦，當其中的蘆葦被抽掉，其餘的蘆葦也紛紛倒下。佛經中以來比喻宇宙萬相皆是由種種因緣和合而形成、消失，其中並沒有超越的主宰者。以蘆葦為喻，另一方面也因為蘆葦的莖是中空的，象徵一切因緣也是聚合而成，沒有一個不變的主體，是空無自性的。

　　一般凡人是以煩惱為因，以業力為緣，而招感輪迴的果報；如果是以智慧為因，以各種修道的方便為緣，則能招感解脫的果報。這也就是佛法中所說的「自作自受」、「自業自得」，是指目前所受到的快樂、痛苦等種種果報，都是由自身行善惡諸業所招感的，並非有另外的力量所主宰。

　　在《長阿含經》卷十九中，就記載著閻羅王呵責地獄的罪人：「今汝受罪，非父母過，非兄弟過，亦非天帝過，亦非先祖，（中略）汝自為惡，汝今自受。」意思是說，你現在所受的一切刑罰，並不是父母、兄弟、祖先，乃至天神所造成的，而是自身為惡，自己承受。

　　在《正法念處經》卷七中也說：「非異人作惡，異人受苦報。自業自得果，眾生皆如是。」這也是說，自己所承受的一切，並非他人所作，一切都是自己造的業行，自身感得果報，一切眾生都是如此，沒有例外的。所以，在《無量壽經》卷下中就說：「人在世間愛欲之中，獨生獨死，獨去獨來，當行至趣苦樂之地，身自當之，無有代者。」人在世間，雖然有眾多親愛的人，但卻無法代其受罪，每個人還是必須獨生獨死，獨去獨來，依著自身所造的種種業行，受用苦果或樂果。這都是自身所造，自己承受，沒有人可以代為受之。

郝輕鬆問：什麼是「因果報應」？

小阿難回答：「『因果報應』其實就是因果業報的意思，是指作善業的人得善報，造惡業者得惡報，因果昭然不爽。但是現在大多被用來指行惡者得到惡報，而用以警惕世人。

其實，無論是善報還是惡報，都是「因果報應」，可不是惡人得惡報的專利呢！」

神秘的前世記憶

　　佛經裏有許多故事，說明除了今生可見的一切之外，還有未知的前生。雖然一般人在此生，大多不會記得前生的事，但有些特殊的例子，則是今生還擁有前世記憶的故事，也成為生命輪迴六道的具體例證。

　　在《法苑珠林》卷26中，記載著輪迴的故事：

　　西晉的名臣羊太傅祐，字叔子，泰山地方人士。他在五歲大時，有一天，吵著乳母要自己的指環。

　　「你根本就沒有這個東西啊，我去那兒找給你？」乳母滿頭霧水。

　　「明明就有啊！只是以前在東垣邊的桑樹旁掉了！」叔子堅持著。

　　「好好好，那你自個去找。」

　　「這房子和先前的不同，不知從何找起。」於是他吵著乳母帶他去找，乳母拗他不過，就帶著他出門去找。叔子好像自己知道路一樣，一直朝東邊走去，到了一戶姓李的人家，進到他們家裏東垣的桑樹旁，果然找到一個可愛的小環。叔子很高興的拿了就要走，卻被李家的人擋了下來。

　　李氏夫婦非常驚訝地說：「這是我們孩子生前的小

環，經常拿在手裏玩。七歲那年他生了一場怪病，就這麼死了，這指小環也不知在何處，為什麼你這個孩子會知道？」

乳母於是將叔子的所說的話告訴李夫人，李夫人又悲又喜，希望叔子回來當她的孩子，但是叔子的父母怎麼肯呢？後來鄰里族人勸阻李氏：「就算他前世是你的孩子，這輩子已經投胎做別人的兒子了，沒有理由叫人家把兒子讓給你啊！再說，他也不是李家的子嗣啊！」李氏這才打消了念頭。

叔子長大後，常患頭痛，家人為他延請醫師，他卻說：「不必白費心思了。這是我小時候剛出生三天時，奶媽沒有注意到，讓我睡覺時頭朝著北方，窗戶又沒關，我被風吹得頭好痛，但是沒法說話。這個病源已經很久了，難以醫治了。」

後來叔子當上荊州都督，鎮守襄陽，經常供養武當寺殊餘精舍。由於他與此寺並無特別的因緣，有人問他為什麼特別供養此寺？本來叔子都不說，直到後來一個特別的因緣，他才說出這個緣由。原來他前世罪業深重，由於心生懺悔而出資造此寺，因造寺的功德而得到救度，因此今生感念，特別殷重供養。

另一個故事，是發生在隋代開皇年中，魏州刺史博陵崔彥武，有一次偶然來到某一個城邑，熟悉的景象讓他又驚又喜，彷彿喚起生命中久遠的記憶。

「我前世曾經是這附近人家的女主人，現在竟然重

返舊地！」他壓抑住激動的情緒，對隨從說著。

　　一行人乘馬而入，進到巷子裏，在一戶人家的門口停下來。

　　「就是這裏了。」刺史命隨從叩門。

　　不一會兒，一位老公公出來應門，看見刺史和隨從一行人，趕忙走出拜謁。

　　刺史走進他家，在廳堂上仔細端詳，看到東邊的牆壁上，離地六七尺的高度處，有一塊隆起的地方，就對主人說：「我前世所讀誦的法華經經函，及五隻金釵藏一起藏在壁中。經函中的第七卷末因被火所燒，文字不全，所以現今我每次誦法華經，到了第七卷末尾，經常會忘失不能記得。」

　　刺史令左右鑿開此壁。果然發現經函，打開一看，裏面確實有五隻金釵。再開啟經文的第七卷，末尾果然被火燒毀，文字殘缺。

　　主人公睹物思情，老淚縱橫地說：「亡妻平日常誦此經，這五隻金釵也是她的遺物。」

　　刺史來到庭前，看到庭前的槐樹，說道：「當時我的孩子快出世的時候，我曾自己將頭髮剪下來，放在樹幹的空洞裏。」於是他命左右探於樹中，果然找到頭髮。

　　主人公又悲又喜，看著刺史，他的前身是自己的愛妻，一切彷彿一場夢。刺史送給主人豐厚的衣物及錢財之後才離去。

　　雖然佛教說三世輪迴，但是卻也強調，還是應以此生的因緣為主，不應以前世的因緣擾亂現世的因緣。在前述兩個故事裏的人物，雖然了知前生的存在，但卻沒有干擾到此生的因緣。即使是李氏希望愛子重返身邊，也被鄉里所勸阻了。

6 催眠能了知前世嗎？

在「前世今生」的熱潮掀起之前，「三世因果」似乎是佛教徒的專利，但是近幾年來，前世的記憶被熱烈的討論，也引起更多人的好奇，紛紛透過各種方法希望知道自己的前世。其中最流行的方法就是希望透過催眠來了知前世。

透過催眠所得知的前世是否為事實？這是很值得深思的。

人類對前世的記憶會遺忘，也就是佛法中所謂的「隔陰之迷」，其實這是人類生命在建構人間倫理時，為了保護這個結構所成的生命自我防護機制，以今世為重心的生命觀，把許多生命的牽葛切斷，將許多無限假設化約來處理，以此來確立整個人際、人間的倫理。

現代催眠術起源於法國，但有趣的是，因為法國早年做過不少有關催眠回憶真確性的研究，所以對催眠下的陳述是否確為事實，仍採取保留態度，而僅是將其定位於醫療技術。

我們可以用電視接受訊號形成影像，來說明催眠所看到的「前世」影象。我們自身像一個頻道，可以接受無數個頻道，但是沒有足夠的定力，就好像沒有定頻

器，無法定頻，影像不穩定，於是自己將雜亂的影像重組、詮釋。

真正要回到前生，能進細胞深層的技術，才能控制定頻開關，轉到想看的頻道這必須透過禪定、自覺的過程，而不是像一般透過他人的催眠可以達到。

在許多催眠的過程中，催眠師暗示病人在「聽到某個訊息」之後，就已經「回到前世」，於是，理所當然，被催眠者接下來的描述就是「前世的記憶」。

當然，被催眠者自身的描述中，可能有真實的成份，但是極可能只有百分之一是真實，但百分之九十九是跳來跳去，極不穩定的影像，被重組之後所做的含混描述。

以我們今生的閱歷為例，我們日常生活中的經歷，看過的書、電影、照片等影像，聽過的歌曲，平時的聊天、幻想，在催眠的誘導下都會重新浮現。這些跳動的訊息，經由受眠者本身重組，再加上催眠師的暗示、引導，要創造一個，甚至無數前世，都不是什麼困難的事。

因此，催眠運用在治療上確實有極大的成效，但是如果將這種治療過程中的陳述魯莽的認定為客觀的事實，並不恰當。

我們平時的生活經驗，有時在催眠師的誘導下都會重新浮現。

了知宿世因緣的神通

在佛法中，將這種能了知宿世因緣的能力稱為「宿命通」，但其中隨著修修境界的高低，又有種種不同程度差別。在經典中，我們經常可以看見佛陀宣說自身或弟子宿世的因緣來教導大眾。宿命通在佛法的教學上，具有下列重要的意義：

1.宿命通可以被運用來釐清生命現象的因果道理。

2.用宿命通來觀察因果，可以作為我們生命學習的經驗範本，去除不良的生命經驗，安住於正道。

3.對一個菩薩行者而言，宿命通可以運用在觀察眾生根器，找到最合適的教育方法，來幫助其昇華解脫。

佛法中對使用宿命通的時機也有極為嚴格的限制。一個真正有智慧的大修行人，他對宿世、今生的因緣都很清楚，但他絕不會因為宿昔的因緣而擾亂今生。有的大菩薩甚至能一身分處過去、現在、未來等十法界，一身遍歷十世、十方世界，十方世界、十世亦可立於一世。能將十法界歸處一身，這是很深密的修行境界，是很如實的，佛法中以「千江有水千江月」來比喻這樣的境界。

真的要開啟了知前世的能力，必須要具足以下三個

了知前世的三個條件

定　力 ➡ 身心安定，不會被干擾

智　慧 ➡ 能透視現象背後的本質

慈　悲 ➡ 能慈悲寬容對待自己及他人

條件：

1.要有定力，如此自身才不會受到干擾。

2.要有智慧，才能看透這些現象背後的本質。

3.要有慈悲心，在回溯前世的過程中，可能會產生很大的情緒波動，要有慈悲心，溫柔地對待自己及他人。

如果沒有這種條件，徒有特異能力，只會造成生命的負擔。

宿命通

宿命通，是能了知自身及他人過去世，乃至久遠的時之前，是何種生命的神通。

宿命通，又稱宿住通（梵名purvanivasanusmriti-jnanam），是指憶念宿住事的神通力，全稱為「宿住隨念智證通」，又稱宿住隨念智通、宿住智通或宿命通證、識宿命通。

在《集異門足論》卷十五中說：「能隨憶念過去無量諸宿住事，謂或一生，乃至廣說，是名宿住智證通。」這是說能憶念過去一乃至無量之自身的名姓、壽命、；苦樂及生死等事，稱之為宿住智證通。宿命通只能憶知曾經所發生之事，無法像天眼通，看到未來尚未發生之事。

8

「因」與「緣」
——原因與助緣

　　佛法將「因果」進一步細分為「因、緣、果、報」，有時也說「因緣」、「果報」。而所有的果都是自作自受，並非他人所加諸自身的。在《瑜伽師地論》卷三十八中說：「已作不失，未作不得」，正是佛法因果論的特點——任何思想行為，必然導致相應之後果，已經作的業在果報未現前時，業力是不會消失的，而如果沒有造下業因，則不會莫名其妙的招感果報。

　　一般所說的「三世因果」，就是認為人在此生的貧窮富貴，發達沒落，都是前生所造善惡諸業所感得之果報；而今生的善行惡行，也影響著來世的罪福報應。

　　佛法中以「六因」、「四緣」、「五果」來建立宇宙萬相。其中，「六因」與「四緣」是就因而立論，「四緣」是從「果」的產生來觀察各種「因」的起源。六因則著重於說明業報輪迴產生的條件。

　　「因」（梵語hetu），指能引生結果的原因。從狹義而言，引生結果的直接內在原因，稱為「因」（內因），而由外來輔助的間接外在原因，則稱為「緣」

（外緣）。但如果廣義而言，凡是參與形成結果的因素，包括使事物得以生存與變化的一切條件，都可以稱為「因」，也就是包含了「內因」與「外緣」二者。

從因的特性，可分成各種類別，以下約略說明：

1.「生因」與「了因」：「生因」是指發生的主要原因，「了因」則是指協助生成的緣。在《涅槃經》卷二十八舉例說明：「因有二種，一者生因，二者了因；（中略）煩惱諸結是名生因，眾生父母是名了因。如穀子等是名生因，地水糞等是名了因。」像眾生出生的因緣，無明煩惱是主因（生因），由父母親生下來是（了因）。

2.牽引因與生起因：「牽引因」是指遠牽生死苦果之未潤位種子；「生起因」則是指近引生起生死苦果之已潤位種子。例如，十二因緣中，「無明、行、識、名色、六處、觸、受」為牽引因，「愛、取、有」為生起因。而此二因所引生的果是「生、老、死」。

3..近因與遠因：直接引生果的原因是近因，間接引果的原因是遠因。依《大智度論》卷九十六所述，凡夫為其後身行布施，而於後身得到相當的好結果，這是近因。又，為離欲界衰惱不淨之身而修禪定，則此禪定只是間接達成其目的的原因，所以是遠因。

4.能生因與方便因：如果以植物生長的例子來比喻，「能生因」猶如穀麥的種子，也就是使穀麥發生的原因；「方便因」就像水份、土壤等，是幫助穀麥生長

的條件。

以上對「因」的分類，其實也已經包含了「緣」，這二者其實並不是涇渭分明的，更多時候是以「因緣」來統稱。

因緣（梵語hetu-pratyaya），為因與緣之並稱。「因」，指引生結果之直接內在原因；「緣」，指由外來相助之間接原因。

佛陀觀察宇宙的實相，一切萬有皆是由因緣之聚散而生滅，這就是緣起之理。

四種「緣」

四緣（梵catvāraḥpratyayāḥ）是指四種緣：
(1)因緣：

指生起某一個現象的主要條件。像一個竹器，以竹為主要條件，竹就是竹器的因緣。也就是指產生果的眾多因緣中，主要的不可或缺的主體因緣。
(2)等無間緣：

又稱次第緣。指前念為後念生起的原因。即認識活動形成的條件。由於前念已滅時，能為後念的生起開路，使後念得以產生。因此，前念為後念之緣。在心、心所之相續不斷狀態中，前後二念的所屬種類是相互關聯的。
(3)所緣緣：

舊譯為緣緣。指諸心、心所攀緣的境界。亦即認識的對象。能思慮的心必須依托外境才能產生思慮。亦即外界客觀事物既能使主觀心識生起緣慮作用，又能限制其緣慮的範圍。可見外境本身既是所緣，又是一種緣。亦即為所起的「心」作「緣」，故稱為所緣緣。

(4)增上緣：

指任何一個事物對於其他一切事物的影響與作用。這種條件又可分為兩類。一種是能促成其他事物生起的條件，如陽光、空氣、雨水、肥料能促成種子生長，這種稱為「與力增上緣」。另一種是不障礙其他事物生起的條件，稱為「不障增上緣」。廣義的來說，一切事物相對於他者而言，都具有增上緣的功能，只是不能作為自身之增上緣。

什麼是「三世因果」?

　　「三世」是指過去、現在、未來三世,過去所造的一切為現在的因,現在所造的一切為未來之因。現在一般人所說的「三世因果」,常誤以為這是一個僵化不變的格式,或是將因果的關係過度化約,或是誤將因果論認為是命定論,以為有一個不可違逆的「因果」。

　　在佛陀當時的印度,對因果也有許多不同的看法。有的是根本否認有因果,有的認為只有現在與未來二世的因果觀,有的則是無法徹見正確的因果,例如,以為透過苦行可以獲得生天的果報等等緣木求魚的作法。

　　佛法融攝了輪迴的觀念,並將其昇華、圓滿,建構為三世的因果觀,也就是現世的苦樂,乃是緣於過去世善惡的業報,而現世所行的善業、惡業,又會招感未來世苦樂的果報;現在的因招致未來的果,因果相續而有無窮生死,這就是一般人輪迴流轉的情形。由於善惡業的性質及強弱不同,使得招感果報的時期不僅限於次生,有時甚至在久遠的時劫之後。

　　將三世因果表達得最詳整的,正是佛法中的「十二因緣」。

　　佛陀在菩提樹下,觀察宇宙間生命的流轉,而體悟

了眾生輪迴流轉的十二個階段，也就是十二因緣。這十二因緣分別為：

1.無明：我執、對立開始產生之時。

2.行：生命存續的意志力。

3.識：行以無明為核心，相續運作產生的意識、記憶。

4.名色：生命意識與受精卵的結合，精神與物質結合而有生命。

5.六入：生命不斷發展，產生眼、耳、鼻、舌、身意六入。

6.觸：六入接觸色、聲、香、味、觸、法外境。

7.受：由六根接觸外境後，產生種種感受。

8.愛：「愛」又譯為「渴愛」，是指強烈的驅力，對自己喜愛的樂受，生起愛求的熱望，對厭惡、恐懼的苦受，就生起憎恨逃避的強烈欲求，進而驅動後續的行為執取。

9.取：由愛之執著進而產生身、識、意等執取之行為。

10.有：由執取的行為造成存有的現象。

11.生：存有的現象推動生，即後續的存在。

12.老死：有出生就會老死、死亡，輪迴不已。

而生命流轉的過程則是：無明緣行，行緣識，識緣名色，名色緣六入，六入緣觸，觸緣受，受緣愛，愛緣取，取緣有，有緣生，生緣老死。

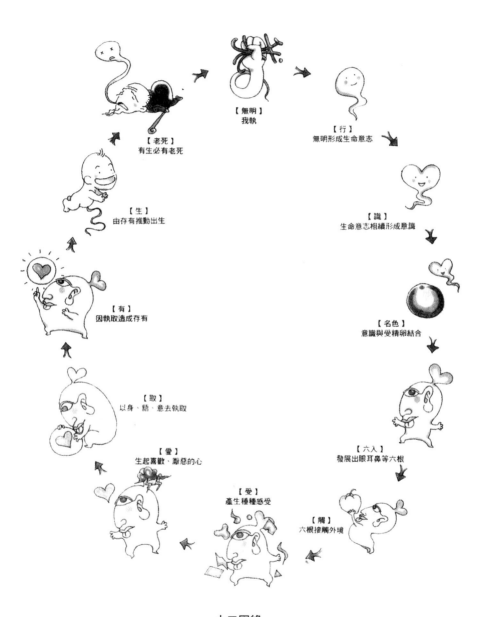

【無明】
我執

【行】
無明形成生命意志

【識】
生命意志相續形成意識

【名色】
意識與受精卵結合

【六入】
發展出眼耳鼻等六根

【觸】
六根接觸外境

【受】
產生種種感受

【愛】
生起喜歡、厭惡的心

【取】
以身、語、意去執取

【有】
因執取造成存有

【生】
由存有推動出生

【老死】
有生必有老死

十二因緣

以上這十二因緣法，是佛陀在菩提樹下觀察生命生死流轉的因緣所徹悟的真理。而在這輪迴的十二因緣中，如果能回逆這輪迴的十二因緣，也就是生命的解脫之道了。

如果從這十二個階段來觀察三世因果，即由於「過去世」之無明、行之二因而生「現在世」之識、名色、六入、觸、受等五果。現在之愛、取、有三因，又招致「未來」之生、老死二果。

這個三世雙重因果，代表了因果的相續無盡。

我們來看看這十二個因緣的三個階段：

㈠愛、取、有、生、老死五支，我們從生命的「老死」回溯來觀察，老死是由生而來的，生起了即不能不死，想長生不死或永生不滅，也是永遠不可能的。有情為什麼會生起呢？即由於「有」。「有」是指依於過去業力所形成的現前存有，這就好像種子（業力）得到水份、土壤、陽光等因緣，很自然會出生、萌芽。何以會有？這原因是「取」。取是「攝持」、「追求」的意思，由內心執取自我，有的人執取種種五欲享樂，有的人執取種種錯誤的見解。

而生命的執取趨求，又由於「愛」而來，這即是有情的特性，染著自體與境界，染著過去與未來。因為愛染一切，所以執取趨求，所以引起業果，不得不生，不得不死。從愛到老死的五支，說明了四聖諦中「苦諦」與「集諦」的主要意義，也就是苦的現象與苦生起的原

因。

　　㈡識、名色、六處、觸、受五支。生命的染愛，不是無因無緣形成的，而是由於苦、樂、憂、喜等情緒的感「受」，所以引發染愛。「染愛」不只是指愛著喜樂，心中有所憎惡，也是「染愛」。也就是說，凡是心中強烈的感到不得不愛，不得不瞋，難以放下的一切，都是「染愛」。

　　而這愛、憎種種情緒的領受，則是透過眼、耳、鼻、舌、身、意六根的執取外境，引發種種感受、分別。如果沒有「觸」，自然也沒有種種感受了。而「觸」是透過六根而產生，也就是我們身上的六種感官，而這六種感官也不是與生俱來的，而是從受精卵逐漸發展形成，這也就是從「名色」到「六入」的階段。

　　名色是指受精卵剛形成，還沒有完成眼等六根器官的階段。而這個名色要有「識」的執持，才能不毀壞而持續增長；而這個「識」也要依託「名色」，才能發生作用。所以不但識緣名色，名色也緣識，相依互存而形成。

　　在如《雜阿含經》（卷一二・二八八經）說：「譬如三蘆，立於空地，展轉相依而得豎立。若去其一，二亦不立；若去其二，一亦不立。展轉相依而得豎立。識緣名色，亦復如是，展轉相依而得生長」。意思是說，「名色」與「識」相互依存的關係，猶如三枝蘆葦，交相支持立於空地之上，如果抽去其中任何一枝，其他兩

枝都無法站立。「識」和「名色」的關係也是如此，展轉相依而得生長。

從識到受，說明了生命現實心身的活動過程。

㈢無明緣行，行緣識的階段。這一期生命中的情識──識的存有，緣於強烈的生命意志，而這種生命的執有，則源於「無明」也等於無明觸相應的愛等煩惱。由於無明的蒙昧，愛的染著，生死識身即不斷的相續，不斷的流轉於生死苦海。苦因、苦果，一切在沒奈何的苦迫中，成為「純大苦聚」，這即是有情的一切。

也是有情生死流轉的根源

北本《涅槃經》卷三十七中說：「知從善因生於善果，知從惡因生於惡果，觀果報已，遠離惡因。」

經中的意思是說，如果能正確的了知善因能出生善果，惡因將出生惡果，如此善觀果報，即能遠離惡因。

PART III
投生六道的因果

在這個單元裡……

在這個單元裡,我們要探討生命投生於六道中,輪轉
生死的原因,以及為什麼同樣生而為人,又有美醜、
貧富等種種不同差別。

關於這個單元

。為何投生於天上?
。為何投生於人間?
。投生修羅道的因果
。投生為畜生的因果
。投生為餓鬼的因果
。投生為地獄的因果

為何會投生於天上？

佛法中將這個世界的生命，大致分成六類，也就是所謂的「六道」：地獄、餓鬼、畜生、阿修羅、人間、天界等六道，由於生前所造作的不同業行，死後就往生不同的世界。

1.地獄道：生前行極重貪、瞋、痴惡業的人，將落在地獄受到極苦的果報。

2.餓鬼道：餓鬼道的眾生，恆常受著饑渴之苦，當它們想要吃東西時，一張開嘴巴，口中即噴出火燄，任何東西入口都變成火炭，無法吞食；其喉嚨細如針，肚子大如缸、如瓶，想吃卻吃不到，這是因為過去貪心所生。佛教在農曆七月十五的盂蘭盆節放焰口，就是要除去餓鬼們口中的火，使他們能夠吃到東西，得以飽足，因此用甘露來灑淨他們的焰口。

3.畜生道：畜生道大多是因愚痴而受報，它們主動修行成證解脫的機會很小，這是一個本能生存，以繁殖和覓食為主體的世界，動物即是屬於此道。

畜生道的眾生，多是弱肉強食，受種種苦，而且常被天人、人類做為食物，或是驅使拖磨等工作，不得自由。

4.修羅道：修羅是有天的福報但是不具天德的眾生，生性好鬥、好瞋，經常與天戰爭。

5.人道：這是指我們人間，多是由受持五種戒行而得，人間苦樂相雜，常有不如意事，但至少能自作樂，仍是屬於善界，尤其珍貴的是，在人間是最適合修道的。

6.天道：天道中，有以修習種善行的福德力而往生天界的生命，也有是以修習禪定而往生天界的，這是屬於色界天、無色界天，能得到天的福報、天的勝樂身。

就佛法的觀點而言，天人太過享樂，修羅瞋心熾盛，而地獄、餓鬼、畜牲，則苦報熾盛。唯有人間苦樂適中，最有機會修行解脫，所以人是六道眾生中的中流砥柱，是造業的主體。因此，要上升天界或下墮三惡道，都是在人間造作，其他各界則是受報的主體。

生命在六道輪迴流轉，但為什麼有的投生為人，有的投生為天神，有的投生為畜牲，或是餓鬼、地獄呢？當佛陀在祇樹給孤獨園說法時，也曾有一位青年請問過這個問題。

這位青年是舍衛城裏一位大長者的兒子，名叫辯意。辯意前來聽法時，有五百位青年跟著他來，他們都是城裏世家的公子，由侍者隨從，來到精舍向佛陀請益。這些青年以辯意為首，來到佛陀前面，以頭、面著地頂禮，退坐一面。

辯意等大家坐定了，就上前禮敬佛陀，恭敬合掌請

問佛陀：「世尊！未來五濁惡世的眾生，心中充滿貪、瞋、痴等三毒熾盛，不分尊卑貴賤，都是以毒念相向，尤其是位高權重者，貪圖國土，相互征戰，殃及百姓。

如果是出家者，能蒙佛陀教授而奉行者，是真正得道者，但若是披著法衣，但是卻不奉行佛法，相互誹謗，貪圖名利供養，那麼也只有投生到地獄、餓鬼、畜生等三惡道的份了！

請問佛陀，要如何開導這些人，幫助他們遠離三惡道受苦，祈願您慈悲教誨，也令後世眾生蒙福。」

「太好了，辯意啊！你為了化導一切愚痴凶惡之輩，而向佛陀請問此法。你問吧，我會為你分別解說。」佛陀歡喜地鼓勵辯意。

於是辯意就請問佛陀：「為什麼有的人死後會投生天上？」

佛陀告訴他：「常行五種美德的人，能夠投生於天上。那五種呢？

第一種是『慈愛』的美德，不但不傷害生命，更能慈心護生，使眾生得以安穩。

第二種是『賢良』的美德，不去侵犯偷盜他人的財物，更能無貪地布施給他人，救濟貧窮的人。

第三種是『貞潔』的美德，不貪求色欲，沒有複雜混亂的性關係。

不管是男性、女性，都是一樣的。放縱、複雜的性關係，是許多煩惱與紛亂的根源。

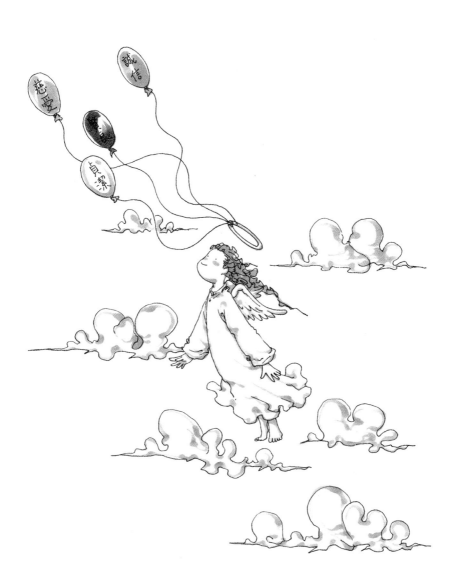

常行慈愛、賢良、貞潔、誠信的人，得以投生天上

第四種是『誠信』的美德，不欺騙他人，不口出惡言，不去挑撥離間、製造是非，善加防護口業的種種過患。

第五種是『不飲酒』的美德。」

「為什麼『不飲酒』也是生天的要件呢？」辯意顯得有點驚訝，隨從他一起來的青年們也顯出困惑的表情。

「是啊！這是因為飲酒容易使人迷醉，而損壞了前面四種德行，作出傷害眾生、侵犯他人財物、發生淫亂的關係，及說出不當的話語，讓心智迷亂而造下種種惡業，所以，不飲酒是為了讓身心保持清明覺醒，防護身心，不去造作令自己及他人產生煩惱的事。」佛陀仔細為他們進一步解說。

佛陀又講了一個在以前迦葉佛的時代，曾發生過的一個事件。有一位信士，平時敬信佛法，恪守五戒。有一次因為貪杯，正喝得酒酣耳熱之際，剛好鄰居家的雞跑進他家，他就將其殺了煮來吃。

不一會兒，鄰居的太太進來他家，問他是否看到她走失的雞，他謊稱沒看到。鄰家太太轉身要離去，他卻仗著酒意，惡向膽邊生，強暴了這位婦人。

一個平時恪守五戒的人，因為喝酒迷亂而造下了種種惡業，清醒之後再懊悔也已經鑄成過錯了。這就是為什麼不該飲酒的原因，進而一切使身心迷亂的物品，像大麻、迷幻藥，都是同樣的性質的東西，都不應使用。

「辯意，如果平時能恪守這五種美德，未來就能投生於天上，享受種種快樂。」佛陀如是勸勉大眾。

為何會投生於人間？

「那麼，來生能重新投胎作人，不會落入惡道，又是為什麼呢？」辯意接著問。

「辯意，要投生為人的要件有五個要件，」佛陀告訴辯意，「

第一個要件是常行布施，能幫助貧窮困苦的人。

第二個要件是持戒，也就是過著合理、不逾越的生活，不去造作侵害自身及他人的各種惡業。

第三個要件是能行忍辱，也就是對種種外境，不管是大自然的環境還是人我的關係，無論是順意或是艱困的，都能安忍不動，不會因為貪求或憎惡而去造作種種惡業。

第四個要件是精進，不斷的向上昇華生命的境界，能勸化懈怠者。

第五個要件是一心奉行孝養、盡忠等人倫規範。

具足這五個要件的人，未來能得生於人道，而且具足廣大富貴，而且健康長壽，面相端正，具足威德，常能成為人中之主，為眾人所尊敬。」

「原來能投生到天上及人間是這樣的因緣啊！」辯意和他的朋友們了解了。

「那為什麼同樣生而為人，有的長得莊嚴美麗，有的就形體醜陋，令人厭惡呢？」另一位青年問著。

「這是因為此人往昔經常詐欺他人，沒有誠信，並毀謗宣說真實法者。對同儕經常生起輕蔑之心，非常傲慢，也常挑撥離間他人。由於這些業報，而感得形體醜陋的果報，常受人輕賤，心意不安，常懷恐怖。

而有的人雖然出生於平民之家，但是長相端正，身心安穩，常被人所稱譽，不被毀謗，這是由於前世為人誠信不欺，恆常持誦經典，能守護持戒，對正法不生毀謗，也不去談論他人的是非，由於這些業行，感得今生長相美好，為人所稱譽等種種果報。」佛陀慈詳地為大家解說。

為何會出生於富貴之家？

佛陀並告訴我們，如果常做五種善事，就能投生於富貴之家。

「辯意，如果常行五事，則能生於尊貴之家，為眾人所尊敬。那五事呢？

第一是常行布施，廣大救濟貧苦，使眾生安穩。

第二是禮敬佛法僧三寶及諸長老。

第三是常行忍辱，對內外一切境界皆能安住不動，不會生起瞋恚動怒。

第四是心意柔和謙下。

第五是博學多聞，能學誦經典、持守淨戒。

這五事是能得尊貴，為眾人所敬之因。」

這是佛陀告訴我們，投生於善道及生於富貴之家的業因。

出生於富貴之家的業因

1. 常行佈施，救濟貧苦

2. 禮敬三寶及長老

3. 常行忍辱，不瞋恚

4. 心意柔和謙下

5. 博學多聞，學經持戒

能得尊貴，眾人崇敬

投生修羅道的因果

　　除了天道、人道之外，還有具天福卻不具天德的修羅道。什麼樣的眾生會投生到修羅道呢？經中說，具瞋心、慢心、疑心等三種，特性強烈的眾生，會投生於修羅道。另外有十種使眾生投生於阿修羅道的業因：(1)身行微小之惡，(2)口行微小之惡，(3)意行微小之惡，(4)常生起憍慢心，(5)常生起我慢心，(6)常生起增上慢，(7)生起大慢心，(8)生起邪慢心，(9)生起慢慢，(10)常將所行一切善事功德，祈願投生修羅道。

　　而修羅可分為二種：(1)鬼道所攝的修羅，即魔身餓鬼，具有神通力；(2)畜生道所攝的修羅，住在大海底須彌山側。

　　有的修羅於鬼道以護法的力量，成神通入於空中，這是從卵而生，為鬼趣所攝。如果於天中降德下墮，所居住之處鄰於日月，此種阿修羅即從胎而出，為人趣所攝。有的阿修羅執持世界，能與梵王及天帝釋四天爭權，此類阿修羅為化生，是天趣所攝。另有一類阿修羅，出生於大海中，沈於水穴口，以濕氣而出生，為畜生所攝。

　　阿修羅與帝釋天一向世仇，經常相互爭戰。

4 投生為畜生的因果

還債的牛

「世尊，今天我到城裏托鉢時，聽見一件奇異的事呢！」阿難回到精舍，在佛陀與大眾講經討論的時間裏，他說了一則奇異的新聞。

這是城裏開錢莊的主人大迦羅越親口說的奇事。

有兩個人從遠方來大迦羅越的錢莊，想借一萬錢。因為天還沒亮，他們就在附近等一下。兩個人一邊商量著：「下次我們再各借十萬錢，到時就不要還他了，他也奈何我們不了！」

這時，大迦羅越有一頭牛綁在籬笆內，聽見了兩人的對話，忽然發出人語說：「兩位啊！我前世就是因為欠了主人一千錢不還，三輩子當牛來作工都還償不盡，如果你們欠了十萬錢不還，那要作牛作馬還到什麼時候呢？」

兩個人聽得汗毛直豎，等天一亮，主人出來了，兩人就告訴他牛所說的話。大迦羅越聽了心中非常感傷，就將此牛放養著，不再讓它作工，並祈願道：「願此牛

今後莫再受畜生身,所欠的那些錢,就用來佈施吧!」

今天早晨,城裏的百姓都在談論著這個新聞,深感業報不可思議。

「佛陀,什麼樣的人會投胎成為動物、畜生呢?」弟子中有人請問著。

「如果往昔經常偷盜他人的財物,或是故意欠債不還,也有的是因為經常殺生,而投生為畜生來受報,有的是因為生性愚痴,又不樂於聽受經法,這種種因緣都有可能投生為畜生。」佛陀回答。

瞋恚投生為毒蛇的人

佛陀又為大家說了另一個因果故事:

在過去久遠劫前,波羅奈大城有一個人,他本來沒什麼錢,但是特別喜愛黃金。於是他非常努力的工作,將所有賺來的錢,都換成黃金。辛勤工作了很長一段時間,他終於存滿一瓶黃金,他在房子的地上掘了一個小坑,小心翼翼地將黃金藏在裏頭。

他非常小心地看守這些黃金,這是他畢生的積蓄。因此,每當外頭有一點風吹草動,總會驚擾他無法安眠,他也常因而生起瞋心怒罵。

他不斷努力工作,縮衣節食,經年累月,到他年老時,終於存滿了七瓶黃金,都埋在地底。但終究年紀大了,他漸漸老了病了。他沒有妻子兒女,有一天,他孤

舍利弗的本生曾因瞋恚而投生為毒蛇

獨地死了。

　　但是，他對心愛的黃金還是念念不忘。因此，他投胎成為一條毒蛇，將身子盤著七瓶黃金，一如生前緊緊守護。其間死了又再出生，不斷反複地受著毒蛇身，守著黃金。如此過了一萬年。

　　有一天，他忽然厭惡起自己醜陋的身形，而開始思惟：「我會受到這個可厭的蛇身，都是因為貪著這些黃金的緣故，現在要得脫，唯有將這些黃金佈施供養於福田。」打定主意之後，它就每日躲在草叢中，觀察過往的行人，有誰可以信任託付的。

　　有一天，一個老實人經過這裏，毒蛇出聲將他叫住。老實人納悶地左看右看，看不到人影，還以為自己聽錯了，正要繼續向前走時，毒蛇出現在路中央，阻斷他的去路，嚇得他倒退好幾步。

　　「你別怕，我不會傷害你的，只是有事相託。請跟我來。」

　　「我怕你會傷害我…」老實人猶豫著不敢上前。

　　「放心吧！我如果真的要害你，你也躲不掉。」

　　老實人心想也有道理，就硬著頭皮跟毒蛇走。

　　到了藏金的地點，蛇對他說：「請你幫忙一件事，這裏有七瓶黃金，你先取一瓶到佛塔，為我供養住持，說明我欲設食供僧的心意，再請你回來，將我用小提籃子裝著，帶到寺院裏，完成這個心願。」

　　老實人取了一瓶黃金，到佛寺中向住持師父說明此

事，僧人深感不可思議，也答應為蛇設食供養僧眾。

　　第二天，老實人擔著蛇，來到僧院，他將蛇放在眾僧之前。蛇命他代為向受食的僧人一一供香、供水，蛇自己則在一旁至誠一心觀看，如同自己親上供養。僧眾受食完畢之後，即為蛇說法，蛇聽了心中倍增歡喜，更加生起佈施之心，於是帶著僧人回到藏金的所在，將剩下的六瓶黃金都完全供養給僧眾。

　　僧眾為它祈福之後，蛇很快的就往生了，解脫了蛇身的業報，投生於天上成為天人。

　　「故事中的兩位主角，是你們大家都認識的哦，」佛陀稍微賣了個關子，才說：「當時的毒蛇，正是舍利弗，而擔蛇的人正是我。」

　　「啊！」大家發出輕聲的驚呼，轉頭看看舍利弗尊者，舍利弗微笑著。生生世世的業報輪轉，彷若夢幻。

舍利弗

　　舍利弗（梵Sâriputra），為佛陀十大弟子之一，是佛陀聲聞弟子中，被譽為「智慧第一」者。舍利弗又稱「舍利子」，意思是「舍利的孩子」。舍利弗的母親是王舍城婆羅門論師摩陀羅的女兒，她的眼睛非常美麗，像舍利鳥一般，於是被稱為「舍利」；所以她的孩子就被稱為「舍利子」。

　　舍利弗出生於王舍城外那欄陀村（Nâlada），他是老大，底下有七個弟弟一個妹妹。他和鄰村的目犍連是青

梅竹馬的好朋友，兩個人一起出家，在外道刪闍耶毗羅胝子門下修學，由於二人天資聰慧，很快就成為弟子中的上首，各領弟子二百五十人。

後來舍利弗遇見馬勝比丘，看見其威儀端正、進止有方，乃問其所師何人，所習何法。馬勝比丘示以佛陀所說之偈：「一切諸法本，　因緣生無主，若能解此者，則得真實道」舍利弗一聽立即悟道，頓得法眼淨，於是回去告訴目犍連，各率弟子二五〇人歸依佛陀。

在佛陀弟子之中，舍利弗與目犍連被稱為佛陀門下的「雙賢」，是佛陀弘法的左右手，尤其是舍利弗，經常代替佛陀為大眾說法。佛陀曾說：「舍利子生諸梵行；目連比丘，長養諸梵行。此二人當於我弟子中最為上首，智慧無量，神足第一。」舍利弗教導大眾，使其出生智慧梵行，而目犍連則為大眾長養梵行，舍利弗被譽為智慧第一，目犍連則是神通第一。

投生為餓鬼的因果

慳貪投生為餓鬼的人

　　一天早晨，王舍城裏發生了一陣騷動。王舍城裏一群大富長者的家眷們，圍著目犍連尊者，心酸地聽著尊者為他們帶來的訊息。

　　今天清早，神通第一的目犍連尊者，進入王舍城乞食時，在城裏遇見五百個餓鬼，他們的身體宛如燒焦的火柱，肚子鼓脹，喉嚨卻細得像針一樣，身上的每一個骨節都竄著火焰，模樣非常可怖。

　　他們看見目犍連，好像看到救星一般。「尊者，請您進城時，告訴我的家人，為我等設食供養。您看看我們這副模樣，自從生為餓鬼之後，每天餓得受不了，看到那裏有好吃的，就趕緊跑去，那裏知道食物一到嘴邊，就變成膿血，根本無法下嚥。」他們淚汪汪地向目犍連哭訴著。

　　原來這些餓鬼生前都是城中大長者的孩子，家中非常有錢，但是都花在享樂上，並不作佈施等福業，而對前來乞食的沙門不但不佈施，還經常惡言相向，因為生

前慳貪惡口的業緣，而投而為餓鬼，變成今日的慘狀。

目犍連尊者找到他們的家人，向他們述此事。家人聽了很傷心，為它們設食供養，卻看不到它們來吃，目犍連以天眼遍觀十方，也找不到它們的蹤跡。

目犍連回到精舍，向佛陀稟告此事。

「目犍連啊！這是因為他們被業風所吹，連神通如你者，也無法了知他們的去處。他們的家人必須為他們設食供養佛及僧眾，以此功德力，餓鬼們才得以受食。」

守著財產的餓鬼

回到精舍後，大家還在討論著這件事。

於是有人就請問佛陀：「世尊！什麼樣的人會生於餓鬼道之中呢？」

「投生為餓鬼有幾種因緣，有的是因為生前慳貪不願佈施，有的是常行竊盜，不孝順父母，有的是愚痴闇鈍，沒有慈愍之心，有的是積聚了無數的財寶，卻是小氣的守財奴，即使財力充足，也不願幫助父母、兄弟等親族。這樣的人下輩子很容易投生到餓鬼道去。」

「你們還記得若達多長者嗎？」佛陀問弟子們。

若達多長者是舍衛國中著名的大富長者，他的財寶無量，所擁有的奴婢僕使、象馬牛羊，不可稱計。

有一天，若達多長者到祇園中，看到佛陀相好圓

餓鬼道眾生

滿，聽聞佛陀說法之後，更加深受感動，就在佛陀座下
出家了。

　　由於他的親族眷屬都是豪富之家，大家競相布施衣
鉢等種種生活用品給他。若達多得到這些供養，並未布
施給其他僧眾，反而生起慳貪之心。不久之後，年老的
若達多往生了，卻因為死後仍貪著這些財產，而投生為
餓鬼，守在自己房裏，他的形體燋黑，非常駭人，沒人
敢靠近。

　　佛陀看他已經落入惡道，還是不知道因果業力的可
怖，貪著財富，因而嚴厲地喝斥他，：「若達多！你怎
麼一點都不慚愧呢？生前發心出家修行，卻貪著利養，
不肯惠施同修，現在墮於餓鬼道中，受到醜陋形骸的果

報,到現在還不知慚愧,回來守著衣鉢!」佛陀又呵責慳貪的種種過患,能使眾生墮於惡道。經過佛陀的教誨開示,若達多心開意解,深深生起慚愧,願將衣鉢等遺物布施給眾僧。

由於這個福報,若達多即時捨離了餓鬼的業報,往生善道。

「這是因慳貪而生於餓鬼者。此外,如果心中經常生起貪心、嫉妒,欺騙他人,這些屬於較輕微的惡行,有這種習慣的人,下輩子很容易投生到餓鬼道去。

此外,如果,也容易生為餓鬼。而沒有福報的人,如果生前經常處於飲食匱乏的饑渴狀態,死後也容易投生為餓鬼。」

「因此,有十種因緣,能使眾生得到餓鬼的果報:

一、身行輕惡業者。

二、語輕惡業者

三、意輕惡業者

四、經常生起貪念者

五、生極惡貪念者

六、常生嫉妒

七、具足邪見者

八、臨終前愛著財產等資生之物。

九、因飢餓而亡者

十、因枯渴而死者。這十種業因使人投生於餓鬼中。」

　　「餓鬼道的眾生是很痛苦的。他們在千億萬年之間，連「食物」這兩個字都沒聽過，更何況是吃到東西呢？他們非常口渴，但當天下雨時，灑在它們身上，水珠卻都變成火珠，焚燒身體，非常痛苦。當他們要度過江海、河池時，其中的水立即化為熱銅燋炭，它們舉步移動的聲音，如同有人在牽曳五百輛車那麼大聲，身上的每一個支節，都有火焰冒出燃燒。」

　　餓鬼的壽命又很長，有時過了好幾萬年，經歷這些折磨之後，好不容易罪業完了，投生為人，也多是出生為貧賤之人。所以，大家應當勤加守護身語意三業，不要種下餓鬼道的業因而受苦果。」佛陀如是勸勉大家。

投生到地獄的因果

毀謗聖者入拔舌地獄的比丘

當一天，舍利弗和目犍連尊者到城裏遊化，在回到精舍的途中，碰上大雨，兩人就近找了山洞避雨。山洞裏很暗，先前有一位牧牛的女郎，已經在裏頭躲雨了，但她靜靜地未出聲，所以兩位尊者也沒發現裏頭有一位女子，否則，依照戒律，他們就不會在此處躲雨。雖然兩人都是具有大神通的聖者，但是沒有特別使用神通時，他們還是和常人無異，不知道山洞裏還有女人在。

牧牛的女郎看見兩位尊者相貌英挺，心中生起了極大的愛染。然而，兩位尊者自始自終都沒有注意到山洞裏還有其他人。雨停之後，兩人離開了山洞，不一會兒，這位女郎也從山洞裏走出來。

這一前一後的情景，剛好被瞿波離比丘看見了。瞿波離善於察言觀色，他看見牧牛女的神態，再加上舍利弗和目犍連剛從山洞裏離開，瞿波離就斷定三個人必定在裏頭作了不可告人的事。

「這兩個人，平時一副道貌岸然的樣子，原來暗地

裏搞這種事。我一定要揭發他們！」於是瞿波離到處向其他比丘說這件事。

「長老，您千萬別毀謗這兩位聖者啊！」其他比丘紛紛勸諫他。

這一來反倒像火上加油，瞿波離氣大家這麼相信舍利弗和目犍連，大罵道：「你們給鬼迷了心竅啦！這是我親眼看見的事，你們還不相信？！我偏要講！」

於是瞿波離變本加厲，到處說舍利弗和犍連與女人有染。

當時有一位婆伽長者，生前因為舍利弗和目犍連尊者為其說法而得證阿那含聖者，命終之後生於梵天上。他以天耳聽到瞿波離對二位尊者的毀謗，就從天上來到人間，想勸勸瞿波離。

婆伽來到瞿波離的門口，身上發出無量光明。但是瞿波離一點也不為所動。

「是誰？」他沒好氣地問。

「我是婆伽梵。」

「你在天上好好的，不離千里來找我，有何貴幹？」

婆伽梵直接說明來意，盛讚二位尊者的行持，不可能如他所說作出不淨行。瞿波離一聽更加怒火中燒，冷笑道：「婆伽梵啊！佛陀說你證得『阿那含』，名為『不還果』，你為何還回來找我呢？這樣佛陀豈不打妄語？」

老實的婆伽梵聽不出來他話中譏諷的意思，還認真地說道：「長者，『不還果』的意思，是說不會再還入欲界輪迴受生，不是不能回來的意思。」

瞿波離氣得將頭別開，不再理他，婆伽梵嘆了一口氣，離開回到天上去了。

這時，瞿波離的身上開始長出像豆子般大小的惡瘡，很快地從頭蔓延到全身。但他還是打起精神，決心到佛陀面前去揭發舍利弗和目犍連兩人的「惡行」。

佛陀面色凝重地他說完，告訴他：「你不要再說舍利弗和目犍連的事了。」瞿波離一聽更加生氣，身上的惡瘡變得更大了。

「世尊！這是我親眼所見，為什麼連您都被他們所蒙蔽呢？」瞿波離簡直是氣急敗壞了。此時他身上的瘡已經變得像拳頭那麼大了。

「別再說了。」佛陀憐憫他的愚痴而制止他，但是瞿波離卻一而再，再而三地強調是自己親眼所見，請佛陀明鑒。佛陀知道現在說什麼都無法幫助他了。

瞿波離身上的瘡變得像瓠瓜那麼大，身上猶如被火烤那麼熱，進到冷池中浸泡，連池水都沸熱起來。

瞿波離身上的膿瘡就像熟透的瓜，終於爆破。

而他也命終身亡，因為毀謗聖者的罪業，而墮入鉢頭摩地獄，也就是紅蓮花地獄，這裏的眾生因為地獄酷寒，全身被凍裂變紅，像紅蓮花的花瓣一般層層剝裂，而有此名。

瞿波離比丘由於毀謗聖者，受到地獄以千牛犁舌的果報

「佛陀，為什麼舍利弗和目犍連尊者會遭受到這麼嚴重的毀謗呢？」比丘請問佛陀。

「在過去久遠的時劫，舍利弗和目犍連還是凡夫的時候，曾看見一位辟支佛從山洞中出來，不久後有一位牧牛女也跟著出來，於是兩人就四處說這位修行人一定和這個女子有染。因為這個業緣，他們兩人曾墮於三惡道中，受無量苦。現在雖然雖得證聖道，但是由於先前的業緣尚未窮盡，所以還會被誹謗。」

大家聽了，深感業果不可思議。

「世尊，什麼樣的人會投生到地獄去呢？」

「除了瞿波離比丘因為毀謗聖者的重罪而墮入鉢頭摩地獄之外，還有幾個你們所認識的人，也在地獄中。

像外道末佉梨，因為教導無數眾生行使邪見，命終之後，墮入焰光地獄之中。

而你們所熟知的提婆達多，也因為破壞僧團的和合、企圖謀殺如來，及殺害阿羅漢比丘尼的重罪，而墮入阿鼻地獄。他們身上發出地獄之火，深受燒烤的痛苦。如果有人心生憐憫，取大海的海水澆灌在他們身上，希望為他們減輕痛苦，也只像兩滴水滴在熾熱的鐵鍋上，瞬間就蒸發了。

瞿波離在蓮華地獄中，除了受著嚴寒的果報之外，還被千具犁牛以犁其舌，這是由於他謗誹聖者舍利弗和目犍連的緣故。」

「那提婆達多的情況又如何呢？」

「提婆達多所造的惡業更多，所以受到更嚴重的罪刑。當被他教唆阿闍世太子害死其父王，因此受到被鐵杵搗身的業報。他將大象灌醉，欲使其踏殺如來，因此在地獄中有群象踩蹈其身體。他在靈鷲山上推落巨石，企圖壓死佛陀，因此在地獄中受著熱鐵山鎮壓其面的罪刑。後來，提婆達多一拳打死了阿羅漢比丘尼，因此在地獄中被熱銅鐵葉纏裹其身。」

比丘們聽到這些熟識者造下惡業，墮入地獄的慘狀，無不神色凝重。

什麼樣的人會到地獄去？

使眾生墮入地獄的不善業，雖然有許多種類，但是概括而言，是以十惡、五逆、毀謗正法為主。

「十惡」是指殺生、偷盜、邪淫、妄語、兩舌、惡口、綺語、貪欲、瞋恚、邪見等十種惡業，如果是情節重大者，就會落入地獄道受苦。

有五種極重的罪業——「五逆重罪」，即：殺母、殺父、殺阿羅漢、出佛身血、破和合僧，也就是殺害父親、母親，殺害開悟的阿羅漢聖者，及破壞僧團的和合，讓修道者無法安心修行，悟道解脫。造下這五種重大的惡業者，必定會落於無間地獄，受到無窮的苦果，所以稱為「五無間業」，是惡業中極惡極大者。

依據《正法念處經》所記載，不同的罪業會招感不

同的地獄，像「等活地獄」是犯殺生罪者墮入的地方；
「黑繩地獄」是犯殺生、偷盜二罪者墮入的地方；以下
至「大焦熱地獄」，是犯邪淫、飲酒、妄語、邪見、非
梵行等罪者墮入的地方。依罪行的深淺分別墮入各地
獄；「無間地獄」是五逆罪（殺母、殺父、殺阿羅漢、
破和合僧、出佛身血）者墮入的地方。

在《增一阿含經》卷三十六，也載有同於上述的八
熱地獄的業因，依次為：(1)毀正見、誹謗正法及遠離正
法者。(2)好殺生者。(3)屠殺牛、羊等類者。(4)盜取他物
者。(5)常淫佚妄語者。(6)傳播謠言及求人方便者。(7)令
彼、此鬥爭及貪著他物者。(8)殺害父母、破壞神寺、鬥
亂聖眾、誹謗聖人、習於倒邪之見者。又罪業分為三
種，上品之罪者，墮入大地獄。中、下品之罪者墮入眷
屬地獄。在大地獄受苦後，若業報未能盡時，更於眷屬
地獄受苦。故十六眷屬地獄又稱為十六增。

據《俱舍論》卷十八載，墮入阿鼻地獄的罪不是只
有無間罪，其他還有與其同類的惡業，如污母及阿羅
漢、殺害住定的菩薩及有學的聖者、破壞僧眾的和合緣
及佛塔等罪。墮入八寒地獄者的業因，是造了誹謗聖賢
的重罪。

地獄道眾生

「三世因果」的省思

　　許多朋友都曾經去問過「三世因果」，其實這大多是問自己的前世，和佛法的三世因果無關，佛法的三世因果是指「過去、現在、未來」這「三世」的因果，並不是只有三輩子，而是過去無量世、未來也是無量世。如果只是一時好奇，當做有趣也就算了，偏偏很多人不但信以為真，更認定「因為前世如何如何，今生就必定要如何如何」。

　　有的人很喜歡把前世的因緣掛在嘴上，而且天經地義的以為：因為前世的因緣，所以這次相逢一定要如何如何。其實，既然一切都是因緣所成，就沒有所謂「命定」這回事。因為「因」和「緣」是兩回事。

　　「緣訂三生」、「七世夫妻」，這些穿越前世今生的淒美愛情故事，讓時空無限延續，從前世到今生，纏綿緋惻。但也有說夫妻「不是冤家不聚頭」，夫妻本來就是「相欠債」，這種生生世世愛怨糾纏的輪迴，令人無法出脫。

　　許多把這種前世因緣拿來作為理由的，大多是發生在現世社會所不允許的情感關係，這種時候若再加上神秘的前世因緣等的說法，那種吸引力是非常巨大的。

　　兩人前世的關係，那是「因」，至於這一世相識會不會發展出另一段關係的條件，則要看這一次的「緣」。怎麼能說因為過去有「因」，這次就一定有「緣」？頂多可以說：「因為上輩子有因緣，所以這輩子感覺特別熟悉。」但是絕不是說：「因為上輩子很有緣，所以這輩子一定要如何如何。」

　　但是我們要仔細想想；如果真是上輩子有緣，是哪個上輩子呢？那上上輩子呢？上上上輩子呢？如果真那麼有緣，為什麼雙方這輩子沒有在男未婚女未嫁的時候就相遇呢？可見，絕不是真有緣。如果說過去和他很有緣，其實更有緣的一定是這輩子的這個。

　　即使是能「再續前緣」，也未必是幸福的保證。在中國民間誌異小說《子不語》中有一個故事，敘述一段再世因緣的故事。布政司鄭某娶妻趙氏，夫妻兩人非常恩愛，但好景不常，不久後趙氏染上重病，臨終前她緊握著夫婿的手，流著淚發誓道：「願生生世世為夫妻！」就在趙氏往生的那天，附近鄰居劉家剛好生下一個女兒，生下來就會說話，自稱是鄭某的妻子。

　　女孩八歲那年，在路上遇見鄭家的僕人，不但叫出他的名字，還親切地問他家中的田宅人事等，好像趙氏生前一般。這個消息很快傳遍了鄉里，有好事者就勸鄭某，不如續娶劉女。等到劉女十四歲適聘時，鄭某已經是白髮蒼蒼的六旬老翁了。而劉女嫁過去之後，過了一年多，也抑鬱而終。看似浪漫的前世戀情，還有許多現

世的問題有待解決。

開啟前世的密碼之前

現在很多人去問三世因果，希望知道自己與週遭朋友、親人、同事上輩子是什麼關係，卻往往不但沒有解決問題，反而讓此生的問題更加複雜。對於宿世因緣如果無法正確地了知、沒有正確的觀念，往往會讓我們此生生活的根本秩序大亂，甚至讓今生的生命結構崩潰。

有一個太太，她的女兒生下來就不願吃母奶，她百思不解，抱著孩子到處給人占卦，算命的告訴她：「這個女兒是你先生以前的女友來投胎的，對你怨恨，所以不願意吃母奶。」這位母親在「恍然大悟」之際，開始面對比原來更加痛苦糾纏的問題，她不知該如何面對女兒，或該說是「丈夫的女友」。就算這是真象，也是一段應該隨著過去消逝的真象，因為這樣的事情，不但不能增加我今生命的幸福，反而對今生造成了極大的衝擊，成為不幸的根源。

其實，我們的身心還沒有具有足夠的條件，足以面對累生累劫的複雜的生命記憶。如果我們今生的根本不夠穩固，又在多生裏的人格糾纏，那麼人格分裂恐怕是遲早的事了。

當我們想要探討生命的過去、未來時，最要牢記的一個根本原則就是：此生此世為一切的根本。我們要面

沒有足夠的智慧與定力，開啟前世記憶將造成今生大混亂。

對十方三世的因緣,最終必須落實到今生。不這樣的話,我們會造成大混亂,不知該怎麼活下去。

如果沒有足夠的智慧與能力,還是不要輕易嘗試去開啟前世的密碼。

此生才是生命的主體

真正高明的修行人,大多有了知前世的能力,但是他們都嚴守神通的戒律,除非有特別的情況,否則他們不會隨便說出別人的前世,以免干擾今生的因緣。畢竟生命是要以今生為主的。

台灣著名的高僧廣欽老和尚,就是一個很好的典範。老和尚的神異事跡人盡皆知,但每當有信眾前來請問前世,老和尚都不回答,只教人老實念佛。弟子覺得很奇怪,為什麼老和尚不回答呢?老和尚就說:「如果我告訴他他上輩子是狗,他受得了嗎?」大部份的人來問前世,都希望自己是某個佛菩薩或大人物的轉世。真的了知前世,對現世人生並沒有什麼助益,反而可能有負面的影響。

了知宿世的因緣,但絕不損壞今生的緣起,這是我們應堅持的根本態度。過去的因緣盡管很值得我們懷念,我們也要尊重,但現前的因緣就是現前的因緣。

況且,人的相聚都是恩恩怨怨,恩中帶怨,怨中帶恩,如果誤以為前世是完全那麼浪漫的,那就錯了。大

家何不看看來生的前生—看看我們今生的生活，大概可以知道上輩子是怎麼活的，也知道下輩子大概會如何。

　　當然，這並不表示生命會永遠如此，我們如果想讓它更好，就要努力加入更好的因緣，而非一味沈浸在過去的幻夢中，或將今生的責任歸咎前生，不思改善，這是很可悲的。

　　與其追緬往昔，我們不如先看看今生。試問：

　　我有沒有好好珍惜今生的因緣？

　　今生的生命如果照這樣下去，來生將是什麼光景？

　　這是對「因果」、「輪迴」最如實的觀察。

PART IV
如何改命造運

在這個單元裡……

在這個單元裡，我們要探討的是「如何改命造運」，
透過對業力與因果的正確認識，來改造自己的命運。

關於這個單元

。「因果論」非「宿命論」
。「改運」的真相
。改變命運三部曲——因果三階
。如何創造好命？

「因果論」非「宿命論」

很多人都有算命的經驗，無論是好奇，還是在前途迷茫時的指點迷津，大多數的人對於命運，都是如此無法掌握。

一般人所理解的命運，和佛法中所說的「業力」相仿，不同的是，佛法並不認為有一個固定不可改變的命運，雖然業力的力量強大，連神通都無法抵擋，但是在業果未成熟之前，絕對是可以改變的。而改變的程度，則要看個人的決心和行動力。

現在我們所承受的業報，是過去所造成，而我們此刻所造作的業力，也正是未來果報之因。談到「命運」，多會讓人聯想到「因果」、「宿命」、「業障」。

其實，在民間流傳的「三世因果」，看似警世為善，事實上卻經常是誤把「宿命論」當成「因果論」，以為命運是註定好的，只能無奈的接受。很多人以為「相信因果」就是相信「有一個不變的命運」，面對許多事情，只能消極的逆來順受，認為「這一切都是命。」

這種人看似相信因果，實際上卻是違背因果的。受

報的人，並不是在行為上消極承受就能「消業障」，如果受苦的一方只是強烈地壓抑與忍耐，並沒有慈悲與寬容做為基礎，那麼反而是不斷的蓄積著另一股怨恨的能量，冤冤相報，輪迴糾纏，造成來生更深的苦。這並不是正確的因果觀，對改變自己的命運也沒有任何助益。

佛法反對宿命論所宣稱的「命運決定我們的生命」，也就是「命定論」，但是生命中的某些狀況，是可以合理地預測推斷的。

就像我們開車上路，選擇了某條特定的道路，那麼在某些路段可能會遭遇什麼狀況，這是可以預測的。許多人喜歡算命，其實算命師所提供的訊息，就好比是「路況預告服務」。因為這些預告是由經驗而來，但是經驗是無法窮盡的，所以預告會有誤差。

算命師會根據經驗，建議我們在什麼時機做一些改運的事，就好像電台在報導路況時，會建議駕駛人如何避開交通事故現場，或是改走其他替代道路，避開大塞車。

但是佛陀告訴我們另一種思惟：除了選擇道路之外，我們可不可以換一部性能超強的新車呢？一般車輛在高速公路上，碰到塞車時，只能堵在那兒無法可想；頂多是聽到路況，改走其他道路。但是如果我們將自己的車，升級成可以飛空的未來車，不就超越過去了嗎？這是從生命本質的根本改變昇華。

一個高明的算命師，可以告訴我們如何趨吉避凶，

行善積福，改善外在的環境，但是在順境與逆境中如何同等自在，就超越了這個範疇。

但是，這些煩惱對於一個解脫者而言，除了在生活上有點煩心之外，並不會造成他輪迴的動力，也不會影響他解脫的境界。這就是佛陀教導我們的，從生命的本質上來升級，不管命好不好，都能自在解脫，成為生命的觀自在者。

「改運」猶如改變路線，「改命」則像是換一部未來車。

「命」能不能改？

　　那麼，到底什麼是命運呢？命運能不能改變？佛陀對命運的看法如何？如果能重新選擇自己的命運，什麼樣的命才是真正的好命？

　　中國人所說的「命運」，與印度的「業力」、「輪迴」思想極為類似。

　　「業」，是指「行為」之義。業的思想原來是印度獨特的思想，印度人認為業是招致輪迴轉生的一種動力。後來被佛教融攝之後，認為「業」是「因」，也就是能招感種種痛苦、快樂的果報的原因，能使人投生於六道之中的力量。這種會牽引我們投生至六道的業力，稱為「引業」。而以同樣生於人道而言，同樣生而為人，又有富貴貧賤、高矮美醜等種種差別，這種圓滿程度的業力差別，則稱之為「滿業」。

　　而我們所共同生活的這個世間環境美好清淨與否，則是生於這個世界的眾生共同感得的果報，可以說是居住在此地眾生共同的命運，有的國家富足，有的國家動亂，這是某個國家人民的共同的命運，也就是所謂的「共業」，而每個人的命運差別，則稱為「別業」。

　　佛陀告訴我們，無論是「命運」、「業」，乃至宇

宙中的一切現象，都是由種種不同的「因」、「緣」所形成的，並非有一個宇宙的「造物主」來主宰一切。命運，也是由自己累劫的生命業力所造作而成，並非有一個超越的主體所控制。佛陀所提出的這種觀點，也就是佛法中的「因緣觀」。「因」可以說是主體條件，「緣」則是輔助條件。佛陀體悟了這個因緣的道理，而以：

　「有因有緣世間集，有因有緣集世間；

　　有因有緣世間滅，有因有緣滅世間。」

　　這四句話總攝了佛法的因緣觀，也是佛法的根本。

　　「有因有緣世間集，有因有緣世間滅。」這兩句是講理則，是講宇宙萬象生成的道理，「有因有緣集世間；有因有緣滅世間。」這兩句是講事相，是講宇宙萬物生成的現象。

3 如果能預知未來

　　因此，預知未來是否可能呢？在佛法認為，只要條件夠、而且觀察的方法正確，預測未來的命運絕對是可能的。在佛教中有所謂的「天眼通」，就是可以看到未來的命運，也有所謂的「宿命通」，可以觀察過去生的生命。只是佛法並不強調這種能力，也不認為這樣能對人生有什麼幫助。除非有特殊的情況，否則佛陀並不贊成隨便使用這種能力。

　　以預知的能力而言，自古以來，動物一向有著比人類更敏銳的感應能力，能預知天災的發生。例如，在著名的《山海經》中，就記載著中國原始時代，許多奇異動物的出現，都被視為不同災難的前兆。書中記載：「

> 有獸焉，狀如禺而四耳，其名長右，
> 其音如吟，見則郡縣大水。
> 有鳥焉，其狀如梟而一翼一目，
> 相得乃飛，名蠻蠻，見則天下大水。
> 有鳥焉，其狀如翟而赤，名勝遇，
> 是食魚，其音如錄，見則其國大水。」

以上這些動物出現時，預示了水災的降臨。

　　而美國總統林肯被暗殺之前，也曾在夢中預見自己

的死亡。

　　在某一天的清晨，林肯在朦朧中似乎做了一個夢，夢中他聽見一陣陣悲傷啜泣的聲音。他沿路尋找那聲音的來源處，穿過整個白宮，直到進入一個小房間，看見房間裡擺了一口棺木，上面覆蓋著美國國旗。夢中，林肯詢問在那裡負責看守的衛兵是誰死了？

　　「是總統！」衛兵回答：「他被暗殺了！」

　　雖然林肯總統在夢中預見了自己的死亡，卻無法逃過一劫。

　　因此，如果沒有足夠的定力和智慧，即使能預知未來，也只會讓自己身陷恐懼憂慮，否則就是「病急亂投醫」到處尋求改變的管道，但大多是問道於盲，有時反而讓情況更惡化。像有的婦女為了要挽回自己的婚姻，到處求神問占，祈求改運，而被神棍所欺騙的社會新聞，時常可見，正是利用人們面對困境時迷惘無助的心理，趁虛而入，對改變現況不但沒有幫助，反而讓情況更加複雜，造成新的煩惱。

改運的真相

我們常聽人說：運不好，要去請高人「改運」，卻不知道，如果只是透過他人的幫助、加持，而非自己的積福、修行，那麼，這樣的改運，只是暫時性的。怎麼說呢？其實這個「運」還是他自己的，是自己未來的福德，好比他自己在銀行原本就有存款，現在是向銀行暫時先調借出來運用。

佛陀告訴我們，所謂的「命運」，都是我們自己造的，「自業自得」，也就是種什麼因，得什麼果；不管我們對目前的人生滿不滿意，都是我們自己決定的，不是被命運決定的。每一個人為自己的生命負責，而不是被命運所控制。

除了自己，沒有人能為你增加什麼、或減少你什麼。自己的「運」絕對是自己的福報，俗稱的「改運」，只不過是將自己的「負債程序」、或「賺錢程序」調換一下，讓自己先將福報借貸出來用而已，總體資產債務還是一樣的。

這種「改運」，只是在不得已的狀況下做的緊急處置，讓生命苦迫的狀況稍得紓緩一下，得以有機會行善、積福、修行，真正改變自己的命運。

林肯總統在夢中預見自己的死亡，卻無法逃過一劫

　　如果打個比方來說，「命」就像是「道路」，「運」就好比「路況」。就像過年我們開車回南部老家，決定走中山高、北二高，或是其他替代道路，每一條路都有不同的路況，如果不巧選錯道路，可能就會碰上大塞車，如果改走另一條路，或是提前一天上路，路況就會比較好，所以有時思想概念的轉變，也會改變我們命運的狀況。

　　但是基本上，佛法認為命運都是「因緣法」，是我們抉擇生命道路，在路上所碰到不同的路況。之所以會有這樣的命運，是由於「業力」所形成，而「業力」又是自己所造成的。

命運的本質與超越

　　命運能不能改變呢？佛教裏有一個著名改變命運的例子，就是了凡居士的故事。

　　袁了凡年少時，在一個偶然的機會裏認識了高人孔先生，他精通推算天數、命理、事情的吉凶，無論大事小事都很靈驗。孔先生為袁了凡詳細的推算了仕途、子嗣，乃至某年命終，皆一一記錄下來。袁了凡逐年比對，幾乎無一不準，從此他更相信命中一切都是天數註定，對事情也就抱著澹然無求的態度，凡事盡本份就好。

　　一直到某年，他在南京棲霞山遇見雲谷禪師，使他的人生產生了極大的轉變。他和雲谷禪師靜默對坐了三天三夜，沒有一絲妄念。雲谷禪師讚歎的說：「先生靜坐了三日，沒有一絲妄念，真是不簡單！」

　　了凡回答：「實不相瞞，我的命已經被孔先生算定了，一切榮辱、生死都是早已註定，妄想改變也是無能為力的，所以也沒什麼好妄想的。」

　　沒想到雲谷禪師笑著說：「本來以為先生是個了不起的人物，原來也是一介凡夫。」

　　袁了凡楞住了，「難道順命而行也錯了嗎？難道還

有更高的生命境界嗎？」他幾十年來一如止水的心境，忽然生起一股湧動的力量。

「丈夫自有沖天志！一般人當然是被命所定，但是對極善和極惡的人來講，運數就作不了主。你這二十年來被算得準準的，難道不是凡夫嗎？

你被孔先生算定的一切，都是命中本來的果報，但是如果你從今以後躬自內省，長養德行，力行善事，廣積福德，這是你自己造就的福德啊！」

禪師的一席話點醒了袁了凡，於是他在佛前懺悔，發願作三千件善事，每日以功過格詳細的記錄實踐，並每日持誦準提咒作為專修之法。

袁了凡起初的號為「學海」，自從受教於雲谷禪師時，就改號為「了凡」，意思是他明了立命的道理，不再同一般凡夫一樣隨波逐流。從此他時時刻刻力行善事、善念，自己感覺到生命和以前大不相同了。

如此過了兩年，他去參加科舉，原本孔先生算他是考第三名的，他卻考了第一名，且又中了舉人。孔先生算的命已經不準了，從此袁了凡更加精進，在行善的量和品質上繼續不斷的提昇。孔先生原本算他命中並無子嗣的，最後也生得一子。原本孔先生算他的壽命只有五十三歲，但是他自述其一生經歷時，年已六十九。

有「福報」也要有
「福分」

　　所謂的「宿命」、這輩子的「業報」、「禍福」，都是我們過去所作，其中力量最強、而現今浮在表面的業。如果我們所引進的力量，超乎這個結構，那麼就掌握了改變命運的關鍵；或者是我們引進了智慧，明白了：「原來這個結構不是固定的。」，於是我們將這個結構改換的話，那麼也就超越了命運。

　　什麼是命運的結構呢？佛法認為「業性本空」，一切的業、命運都是沒有永恆不變自性的，是空的，無常的，隨時在改變的。因為，連「我」都沒有自性，何況是「我的命運」、「我的業障」？既然「我」都是由因緣所生，那麼「我的業障」怎麼會有真實呢？真正障礙我們的，不是「業障」；而是我們認為「我們的業障無法改變」；真正讓我們無法改變命運的，是我們認為「我們被命運所控制」。

　　大部份去算命的人，所占問的內容不外乎錢財、事業、愛情、婚姻、子女，希望這一切順利。這些在佛法中屬於世間的福報。

大多數的人都以為，財源廣進，事業順利，婚姻和合，妻賢子孝，有了這些福報，就是完美的人生了。許多修學佛法的人，也是希求佛菩薩保佑自己能獲得這種種福報，因此而修學佛法。

他們以為有了福報之後，什麼問題都沒有了。有了福報之後，可能是什麼問題都沒有了。但是如果外在的挑戰都沒有了，內心卻仍然煩惱。可見「外在的福報」與「生命的自在」，其實是兩個事情。一般人很理所當然的將這兩者劃上等號，其實不然。

我們經常看見很多有錢人，即使富可敵國，卻還是一樣煩惱。有時為了守護自己的財富，甚至比一般人還要辛苦。或是因為財多勢大，卻為富不仁，所造作的惡業比一般人還大，當然所招感的苦果也就更大了。

在決定生命的大戰略之前，我們必須先清楚地思惟：「生命的自在」與「世間的福報」，我們要選擇那一個？

當然，大家都會希望「既自在、又有福報」，也就是既能覺悟解脫，又能具足世間福報。但是這兩者有先後之分，我們必須要一步一步厘清，否則生命目標會混淆。

如果只想追求福報，而不想追求生命的解脫自在，盡管累積再多福報，總有窮盡的一天，到時還是免不了淪落到餓鬼、畜生道受苦

一心追求福報享樂的人，經常是輪迴天上、人間、

三惡道等，福報窮盡了，就落到三惡道受苦，業報窮盡了，又開始行善積福，生於人間、天上受用福報。如此週而復始，輪迴不已。就像白手起家的人，好不容易闖出一片天，但是有了錢之後，慢慢就開始得意忘形，恣意揮霍，等到山窮水盡，窮困潦倒，才又開始痛定思痛，奮發圖強，東山再起，等到財富累積到一定程度，又開始重蹈覆轍。

但是在獲得心的自在解脫之後，如果想要獲得福報，就安全多了，也容易多了。自在，是要用我們自己的「心」去自在。

六祖惠能大師說：「佛法在世間，不離世間覺，離世覓菩提，恰如求兔角」，如果將這個說法運用在此處，我們可以說：「佛法在『自心』，不離『自心』覺，離『心』覓菩提，恰如求兔角」。

所以，要追求生命的自在，是我們的心要智慧、要慈悲、要覺悟。

每個人生來命運不同，福報各有差異，有人富裕、有人貧窮，這些差異在承平時代，看起來千差萬別，但是如果遇到巨大的因緣變化時，這些小差別也就沒有什麼意義了。像一九七六年唐山大地震中死亡的幾十萬人，雖然他們福報各有差異，但都同樣難逃一死。像這種大劫難發生時，在這整個共業中的人們，就無關個人福報的微小差異，而難逃一劫。

因此，將「生命的解脫自在」列為人生的首要目

標，再來談積聚「世間的福報」，才是改命造運的根本心要。因為與其求一個自在的環境，不如提昇自己，讓自己在任何狀況都可以自在。

從未吃飽過的阿羅漢

在佛經中有一個故事，清楚地說明生命的解脫自在和世間的好命好運並沒有絕對的關係。悟道解脫的聖者，是世人供養的福田，但是有的阿羅漢由於往昔並無行佈施等福德，所以出去托鉢乞食時，經常是空鉢而返。經常過著有一餐沒一餐的生活。

佛陀的弟子中，有一位羅旬踰比丘，小時候他的父母請人為他占相，相師說這孩子是薄福之相，不但自己無福，還會拖累家人。因此父母在他十二歲時，就將他趕出家門，不管他的死活。羅旬踰因此流落街頭成了乞丐。

有一天他來到祇園精舍乞食，佛陀慈悲地摩著他的頭，讓他出家成為比丘。但是沒有福報的羅旬踰，只要誰和他一起出去托鉢，一定空鉢而返。於是再也沒有人要和他一塊兒去托鉢。

佛陀知道了這件事，就教目犍連和他一組，沒想到連神通第一的目犍連尊者，也因為羅旬踰的關係，空鉢而回。

「唉！我看今天是沒得吃了。」目犍連嘆了口氣。

　　而羅旬踰更是餓得眼冒金星，自己跑到河邊猛喝水止飢。

　　目犍連回到佛陀住的地方，佛陀知道他今天空鉢而返，於是說道：「我的鉢裏還有一點飯，你吃了吧。」目犍連看佛鉢裏那麼一小撮飯，心想：「我餓得連座山都吞得下去，這麼一丁點兒飯那吃得飽呢？」

　　「你放心的吃吧！」佛陀彷彿了解他心所想。

　　於是目犍連吃了幾口，奇怪的是佛鉢中的飯似乎不曾減少。於是目犍連真正吃了個飽，鉢裏依舊剩一小撮飯。

　　舍利弗想起羅旬踰沒飯吃，於是向佛陀請求，希望能把剩下的飯拿去給羅旬踰吃。

　　「舍利弗，不是我捨不得這些飯，實在是羅旬踰的福報太薄了，無福消受。你試試看就知道了。」

　　於是舍利弗將佛鉢裏的飯，拿到羅旬踰眼前，羅旬踰感激地伸出手要接過來，舍利弗手一滑，鉢卻滾到好遠的地方。舍利弗不死心，將鉢取回來，羅旬踰也小心地接著，沒想到一緊張，沒接好，鉢掉水裏去了，水裏的魚爭相搶食飯粒。

　　舍利弗抱歉地看著羅旬踰，羅旬踰反而平靜地說：「尊者，是我自己福薄，怪不得別人。」

　　於是羅旬踰獨自到樹下靜坐，思惟這整個事情。回想起他年幼被父母趕出家門，後蒙佛恩，得以出家，但是卻因自己的薄福，不但連累同行的比丘化不到食物，

即使是像目犍連、舍利弗這兩位尊者，想要幫助他都沒有辦法。連佛陀要給他吃的飯，最後也掉入水裏去了。

「這一切皆是我宿世的罪報。」羅旬踰心中沒有任何怨怪，入於禪定，思維業力因果之理，最後悟道成為阿羅漢。雖然如此，他還是沒有福報，在餓得受不了的情況下，抓了一把砂土吃下之後，入於涅槃。

「世尊，為什麼羅旬踰今生會薄福至此呢？」阿難感傷的請問佛陀。

「過去過去維衛佛住世時，羅旬踰身為俗人，心中常懷慳貪，不肯布施，連自己吃飯時，為了怕飯粒掉落，都要脫下身上的衣服舖在地上，吃完飯後再仔細地將飯粒撿起來吃下。

當時正好有沙門前來托鉢，他心想：「要給這個沙門什麼好呢？」於是竟捧了一把土供養沙門。

沙門看了這個愚痴的人，就祝願道：「真是愚癡的人才會做出這種事！願你早得度脫。」

因為這個緣故，羅旬踰久遠以來展轉生死。乃至於連今所在之處，經常不得食。

連今天悟道，都還食土入於涅槃。

當初他以土所供養的沙門正是舍利弗。

雖然羅旬踰一生飽受饑餓之苦，但卻不妨害他心的解脫自在，他的煩惱已經止息，不再入於輪迴。可見福報和心的解脫自在是兩回事。

由於宿世的業報，羅旬踰比丘一生飽受飢餓之苦。

改變命運三部曲
──因果三階

　　我們可以將佛法中面對命運、因果的態度，歸納成三點，稱之為「因果三階」：一、堅信因果，二、接受事實，三、永不認命。以下我們分別來說明。

一、堅信因果

　　要改變命運的第一個要件，就是「堅信因果」，對因果有正確的認識。如果認為一切都是無因由而來，是隨機產生的，或是操縱在命運之神手中，隨著其喜惡而賜予人不同的命運，或是認為命運是固定不可變的，這樣的一切努力就沒有意義了。因果是最合乎科學的，如是因得如是果，在何種條件下得到何種結果，如果我們想要獲得何種收穫，也要如是播種、耕耘。

　　因此，超越命運的第一步，就是要堅信因果。

　　有的人自以為可以不受到因果的限制，認為透過特別的力量，就能讓自己即使造了惡業也不必受報。但是佛經中告訴我們，即便是被喻為神通第一的目犍連尊

者，在業果成熟時，也難以免除，而受到亂棍擊殺。

目犍連被外道攻擊，性命垂危的事，很快就傳遍了王舍城。敬信佛法的國王與大臣，立即趕到竹林精舍，來到尊者身邊，他們忍不住涕淚橫流，撲到在地，禮敬尊者雙足，號哭悲泣，哽咽著說：「聖者啊！您怎麼會忽然變成這般慘狀呢？」

「大王啊！這是前世自身惡業成熟的緣故啊！」目犍連是悟道的大阿羅漢，深深了知因緣果報，雖然他全身的骨頭都被打碎了，幾乎被打成肉醬，承受極大的痛楚，但是對那些行兇者，目犍連並無任何仇恨之心。

國王卻是憤怒地下令：「你們立刻將這些兇手給我捉回來，把他們關在空屋中活活燒死！」

「且慢，」目犍連尊者氣若遊絲地說著：「大王，這是我自身所造下的惡業，果報現前，非其他人能代受。」目犍連尊者如是勸阻大王。

大王拭去眼淚，回答道：「既然尊者這麼說，上命難違，那麼，不要把他們燒死，但是至少要逐出國外。」

大王和所有的人有著同樣的疑問：「聖者！世尊常讚歎您是聲聞弟子中神通第一的，您為什麼不用神通力飛到空中，而遭受到這種痛苦呢？」

「大王，如你所說，世尊常如是讚歎我，但是由於業力所持的緣故，事發當時，我連『神』字都記不起來了，何況發起神通呢？」目犍連又為大王說了如下的偈

頌：

　　假令經百劫，所作業不亡，

　　因緣會遇時，果報還自受。

　　即使是神通第一的目犍連，也無法免除惡業現前的果報，但是這些並不妨礙他的智慧解脫。任何事情的存在一定是根基於因果。事情發生了，一定有因有果。

　　所以，要改變命運的第一個要點，就是「堅信因果」，任何發生在我們身上的事情，必定是有因有緣而成，並非憑空而來。或許在惡境現前時，我們會感覺困頓，但至少心中要了知這是因果所成，接受它，這樣度過苦難的機會就比較大一些。如果心中忿憤難平，無法接受，這樣就會捲入輪迴的漩渦，糾纏無法出脫。

二、接受事實

　　堅信因果之後，對於目前所發生的一切，心中沒有不平與怨懟，不管是可知的近因，還是不可知的遠因，我們都能了解事出必有因，即使是以目前自己的智慧無法清楚的了解，還是能坦然接受目前的狀況，再決定下一步怎麼走。

　　無法接受事實的人，不是充滿衝突與不滿，就是常做出不切實際的空想，做白日夢。

　　如果我們無法接受自己過去所有的生命，或是避開不去看它，那麼我們現在的生命絕對無法自在，也無法

當業報成熟時，連神通第一的目犍連尊者也無法免除果報

改變自己的命運。我們回顧自己過去這一生，不管是好或不好，都是支持我們成為現在的自己的養份，只有完完整整的接納，才能讓我們在這一剎那踏得穩紮踏實，而且從現在開始，能夠依照現在的因緣條件，抉擇最恰當的自己未來要走的生命、決定自己的命運。

佛陀以「苦」、「集」、「滅」、「道」四聖諦來告訴我們人生的真理。

「苦」是指一切世間的真實現象；「集」是指一切痛苦生起的原因；「滅」是指達到一切痛苦消滅的境界；「道」是達到究竟寂滅安樂的方法。佛陀告訴我們，所有的現象生起，必定有是原因的，也是可以改變的。

佛陀曾經以醫病的譬喻，生動地說明四聖諦的意義。佛陀告訴我們，一個好的醫生具有四種特質：一是善知各種疾病的症狀（苦的現象），能正確的診斷。二是善於了知各種疾病形成的原因（苦集的成因），三是善知各種醫療的方法（苦滅道），最後還要能去除病根，未來不會再復發（苦滅的境界）。了解這個道理，才能掌握改變命運的契機。

三、永不認命

在結果尚未發生之前，永遠有改變的可能，這是永不認命的精神。在任何事情尚未發生之前，我們都要努

力注入正面的條件，讓事情往最好的方面發展

在經典裏，我們經常可以看到佛陀的授記、預言，這是佛陀根據目前的因緣條件，在沒有太大的改變之下所作的觀察預測，其實，佛陀並沒有預測未來的興趣，有時是為了鼓勵大家，有時是為了警惕大家，而提出這些觀察。或許佛陀會很歡喜他的預言不準——如果是好的事情，大家提前成就，如果是不好的事情，大家一起用願力精進努力來讓大事化小，小事化無。這就是佛法的「精進波羅蜜」。

當我們了解了命運的結構，正確認識因果，取回生命自主權時，實際上已經開始啟動新命了，而改變的程度，則是看我們努力的程度，及外在的條件是否足夠而已。

如果我們努力了十天，條件還不夠，那麼第十一天條件可能會夠；倘若第十一天條件還不夠，那麼第廿一天條件可能會夠；我們所作的努力，絕對會造成某種程度的改變，正如同佛經中所說的「功不唐捐」，而我們的人生，再也不是等待幸運眷顧的可憐蟲，而是能自主掌握命運、再造新命的大丈夫。

一個真正非凡的人，是能創造自己命運的人，他的命運是自己主掌的，而不是依賴神或其他的力量。對一個發大願幫助眾生改變命運的菩薩行者而言，由於牽涉到眾生的共業，還要看世間的因緣，或許並不一定能成就，但是改造自己個人的命運卻是一定可以的。

就像雲谷禪師對袁了凡的啟示「造命」之學，這是他前所未聞的智慧。袁了凡請問禪師如何造命？雲谷禪師教他每日作「功過格」，每日反省記錄自己所行的善事、惡事，精勤行善改過。袁了凡照著做了幾年，命運果然改變了，他的人生不再像之前一樣被算得準準的，無論在科名、子嗣、壽命，成果都超出了先前高人孔先生為他所批的命格。

他繼續不斷精勤修善，不斷提昇行善的量和質，長年累積下來，越到後來命運的改變也越大；而且這種改變在初期幾乎沒有感覺，隨著時間的增加這種改變越來越大。袁了凡的故事是成功改造命運一個很好的例子。

改變命運三部曲──因果三階

Step 1　堅信因果

Step 2　接受事實

Step 3　永不認命

8 業障不可執著

很多人對「業障」與「因果」並沒有正確的認知，而誤以為因果是「有一個固定不變的因果」，也認為業障是無法改變的，只能無奈地接受。其實，這是將「命定論」、「宿命論」錯認為「因果論」。

佛法的因果論是「精進論」；因果論不講「命定的」，那是宿命論的講法。譬如你過去世欠他，所以這輩子要還他，但是要還多少？如果還得過多，下輩子又要討回來，那不是繼續因果輪迴下去嗎？這不是佛法的處理方式。佛法認為「生命永遠有機會」；事情還沒有發生前，都可以努力想辦法去改變可能的結果。──佛法這種作法的根本核心，在於「我們的心有這樣的精進力量，這是因緣於我們心中的決定」。這是佛法因果論的核心。

那麼，到底什麼是「業障」呢？

我們過去的生命，無論是這一世或無窮無劫之前的，我們在過去這些無窮的因緣中，有許多行為、許多生命的經驗，這些行為、生命經驗形成力量，讓我們走到今天；這些行為與經驗會在我們心中留下很多暗影、黑洞、疤痕，這些疤痕就是「業障」，會讓我們遇到新

發生的事件時，無法理性、智慧地去反應，反而是本能地去反應。

所謂的「輪迴」，就是「無明的本能反應」，或者我們可以說，「本能反應」就是「無明」，會現起「本能反應」，是由於「無明」在生命經驗所產生的習慣；這種「無明」的習慣，會產生「生命的反衝力量」，讓我們生命中充滿了很多陷阱。

大家不要以為前面路上的坑洞怎麼造成的，其實那是我們的心造成的——是我們的心、結合了外在的一些物質條件（地水火風空等），放在那邊讓我們自己跌倒用的，因為「我們的心，準備讓我們在那邊跌倒。」

所以我們要知道，命運絕對是可以改造的，只不過是我們有沒有掌握條件而已。我們想要掌握條件，就要知道條件是什麼？命運的基本架構是什麼？這就需要智慧。我們掌握了智慧之後，就可以改造命運；但是我們除了改造自己的命運之外，還希望改造一切眾生的命運，這就是悲心。智慧越大，對於路向的掌握程度越清楚；悲心越大，想要改造命運的動力越大。這兩者加起來，就很容易壓伏我們過去所作的業、而在今生會浮現的力量。

因為，所謂的宿命、所謂的這輩子的業障、所謂的這輩子的禍福，都是我們過去所作、而現今浮在上面的業，其中最強的就是定出我們這一生生死的業，我們這一生有多少禍、多少福、也都是由這裡面浮出來的。現

在，如果我們所引進的力量，超乎這個結構，那麼就改變命運了；或者是我們開啟了智慧，明白：「原來這個結構不是固定不可改變的。」於是我們將這個結構改造的話，那麼也就超越了命運。

在《大寶積經》裏，有一次佛陀和文殊菩薩為了大家執著在業障中不得脫，還合力演出一齣戲碼來點破大家。

事情是這樣的，當時在法會中有五百位菩薩，已經證得四禪，成就五神通，能了知過去宿世。這時，他們看見自身往昔累劫所行惡業，有殺父、殺母，殺害阿羅漢，或是破壞佛寺佛寺，破壞僧團和合，等等五無間罪，不一而足。

這些菩薩雖然證得高深的禪定境界，也具足五神通，但是卻尚未悟入實相，看到自己往昔所造下的種種惡業，深生憂悔，執著過去所造之惡業，因此對於甚深法要不能證入，不能安住於空之實相。

這時，文殊菩薩忽然站起來，手執利劍，直逼佛陀。原本深陷於憂悔的大眾，忽然間被鎮懾住了，沒有比殺佛這種惡業更加重大的了！但現在卻是他們的教務長文殊菩薩要殺害佛陀，每一個人都楞在當場，無法動彈。

正在文殊菩薩的劍要砍向佛陀時，佛陀忽然說道：「住手！文殊，你不應造五逆重罪，不應害佛。我如果被害的話，必定為善被害。怎麼說呢？

文殊菩薩仗劍逼佛，讓大眾了悟業性本空的道理。

　　文殊師利啊！從本已來，實相中本來就是無我、無人、無有丈夫，但是由於內心見有我、人的分別。當內心生起這種分別時，其實已經是害佛了。無論是父母、佛法僧三寶，這一切諸法，無有實體，非有也非真，只是凡手虛妄顛倒，空如幻化。是故於中，既無人得罪，亦無罪可得。誰為殺者？誰受業報呢？」」

　　當時這些菩薩聽了佛陀所說，了悟到一切諸法皆悉如幻化，其中無我（主體）、無人（客體）、無眾生（空間）、無壽命（時間），無有被殺害的對象，也無有造作五逆重罪者，豈有業障可得呢？當他們體悟空的實相，即刻證悟入道。

　　文殊菩薩仗劍逼佛時，與佛陀之間的對話，彰顯了一切業障都是空性、都是因緣所生的道理。所謂「業性本空」，一切的業都沒有自性。因為，連「我」都沒有自性，何況「我所造的業障」？既然「我」都是由因緣所生，那麼「我的業障」怎麼會有真實呢？

　　於是剎那之間，大家暸解了：「原來業性本空，我們不要執著『我的業障』。我過去的業雖然是真實的，但也僅只是這樣而已，因為它只是個『相』！如果我心中再執著『我有業障』的話，那我就受了第二支箭！因為，真正障礙我們命運的，不是『業障』；而是我們認為『我們的業障無法改變』；真正障礙我們命運的，不是『命運』，而是我們認為『我們被命運所控制』」。

　　所以，再造新命最重要的關鍵點就是在於：了知我

們可以造新命；了知命運的本質、知道我們可以超越它！我們可以決定自己的幸福、決定自己的命運。就像前面所說的因果三階——堅信因果、接受事實、永不認命，對於現狀永遠不斷精進努力去改進，也就是改命造運。

改造命運最好的方法就是「修行」。一般人以為修行就是念佛、誦經，其實，無論是何種修行方式，都是為了要讓我們的心越來越清楚、越來越明白，具足智慧和慈悲心。讓今天的自己比昨天更有智慧、更慈悲、更有力量、更放下、更自在。

佛陀告訴我們，真正的改造命運就是「離苦得樂」——遠離痛苦，臻至安穩快樂。真正的好命並不是從外在所擁有的一切來斷定的。就像一個人可以穿著各種名牌的衣服，也可以隨意穿著，但是心中快樂自在，不隨外在的環境變動所波動，心能自在，才是真正的「好命」。

如何創造好命？

　　既然命運是由自己所創造的，那麼，怎樣的命是好命呢？命運，其實是帶有許多迷思的。許多人求神問占，希望事業成功，也盡其一生在追求成功。他們誤以為成功是一個「點」。可是等到他們終於成功時，卻發現自己付出了所有的代價，包括：健康、家庭。他成功的目標可能是金錢、事業，所以當他付出一切代價，終於得到金錢事業時，身體健康垮了、家庭子女也沒照顧好，雖然他得到了一生想要的東西，可是卻非常失望，因為這與當初想像的完全不一樣。

　　然而他所得到的這些東西是有力量的，譬如金錢，所以他就運用金錢去買他想要的東西，但是這些往往是買不到的。這時很多人就開始恣意揮霍，這就是因為他對成功、生命的認知不清楚。人在賭博時會忘記所有的一切，常常把自己的人生拿來賭博；許多人在追求成功時，就是把自己的人生押下去當賭本。

　　我們經常看見，有些人具足錢財，能隨心所欲作想作的事，買任何喜歡的東西，隨手就可以買一輛跑車，買一艘遊艇，他以為作這些事就可以快樂，但最後他還是很煩惱。因為這種人沒有「心的自在」去享受他的福

分。我們可以說這種人是「有福分」卻「沒有福報」的人。

　　真正能受用福報的人，心必須要自在。自在的人，窮的時候也有福報，因為窮的時候他也快樂，不窮的時候也快樂，有錢的時候也快樂。從這裏，我們可以發現：改命造運第一個核心點，在於我們自心的覺悟。

　　在探討命運、人生之時，我們應該了知成功並非一個「點」，而是一種「過程」，而且必須是一個「幸福的過程」。如果追求成功的過程是沒有幸福的，那我們可能就要仔細檢討這個目標，或是自己的思惟是否清楚。

　　如何成為生命的觀自在者？

　　首先我們要回到自己的本心，清楚明白地覺照自己的命運、決定自己的幸福、決定自己命運的方向，這是屬於生命的戰略。

　　其次再來談「如何改良自己的車況」、「遭遇各種路況時，要如何面對」也就是在現世的生命裏，遇到好運、壞運時，如何趨吉避凶。這是屬於生命的戰術部份。

　　什麼是生命的戰略與戰術呢？

　　首先我們必須決定讓自己生命立於不敗的戰略，也就是使我們的本心覺悟解脫，成為一位「觀自在者」，才可能達到「生命的不敗」，也就是外在的任何狀況，都不會影響我們生命的自在，而不是在某種條件中才自

在。

　　這是一個生命不敗的戰略！所以，要談命運，首先我們必須抉擇這個不敗的戰略──覺悟自己的本心，決定隨時隨地都是自自在在的。

　　這樣的本心具足之後，再來決定：我這一輩子要扮演什麼樣的角色、要作什麼樣的人、要從事什麼樣的事業、要走哪一條路。

10 再造自己的好命好運

　　有的人花了大筆鈔票，搭乘郵輪去北極看極光、坐飛機到全世界觀賞奇景，卻忽略了自家附近的花花草草，也不認識附近的鄰居。現代各種新型交通工具、電腦網路，看似節省了我們的時間、擴大了我們的世界，然而實際上，現代人的生活被擠壓到幾乎沒有時間放下、空下，沒有辦法好好思惟自己的人生。

　　現代的大眾傳播媒體，今天告訴我們什麼是幸福、明天告訴我們什麼是美，但是為了刺激消費，它們所說的總是變來變去，於是很多人從來不知道「如何讓自己美出來」，而是在別人的標準下將自己「整型整進去」。許多媒體吹捧的美女名模，當她們攬鏡自照時，很多人都感覺自己不夠美，或擔心自己的美貌不長久。這樣的好命是操縱在別人手裏，無法自主的。因此，真正好命的核心，應該在於：

　　我們有沒有福份享受自己的幸福？

　　我們有沒有能力去享受幸福？

　　我們的心夠不夠堅強、夠不夠自在，來決定自己的幸福、來選擇自己生命的方向」？否則今天東風吹、明天西風吹，隨時隨地要改變我們「幸福的定義」，這是

很辛苦的。我們不要這樣，我們要「決定」自己的幸福！

可以決定自己幸福的人有一個特徵，他必也能欣賞別人的幸福。

無法決定自己幸福的人，他的幸福須要「不斷與別人相比較」，不經由比較，他就無法感覺幸福。然而，幸福的唯一比較對象只應該是「今天的我，有沒有比昨天更快樂、更自在、更慈悲、更清明的心？」

所以，我們必須「決定自己的幸福、決定自己生命的價值」——根本的「命」是這樣的！所以第二句話就是「不要放棄我們的幸福」；決定自己的幸福之後，隨時隨地每一個當下「不要放棄我們的幸福」。

我們現在活著，不管有多少困難，都不要失去品嚐自己生命那種最甜美的味道。

當我們重新打造自己的命運時，應該回歸到生命本質的提昇，而不僅是擁有外在豐厚的福報而已。因此，在擘劃自己新命的願景時，我們的好命應該具有以下的特質：

一、富貴長春的新命

我們希望自己的好命，能具足財富，除了自身生活安穩無虞之外，更有能力去幫助需要幫助的人。我們看到菩薩的造型中，都是身上戴滿了富貴的珍寶瓔珞，象

好命的三個要素

富貴長春

歡喜自足

解脫自在
如幻自主

徵能賜予一切眾生廣大福德。

除了財富之外，還要健康。光是長壽是不夠的；有的人雖然長壽，卻體弱多病，無法有積極作為。我們要長生、青春而且健康。

保持健康並不一定特定的時間與空間，而是隨時隨地可以做的。像我們每天走路的時候，可以想像自己好像走在溫暖的海水中一樣。呼吸時，綿綿密密的、好像跟天地一起呼吸一樣；身體放鬆，好像走在溫泉裏一樣，非常的舒服。每天這樣練習，一定可以讓身體健康、多活幾年。

除了身體的健康之外，也要保持心靈的健康。在生命的慣性裏，有許多心靈的黑洞，讓我們「不敢成功」。很多人在快要成功時，就會開始緊張、開始做一些事情來破壞自己的成功。健康的心靈，有足夠的強度讓我們能安住於成功而不心生恐懼，讓我們在成功時，心能安住不動；能安處在成功的狀況裡面。

這時，當我們在享受掌聲時，就不會得意忘形而忽然從山頂摔了下來，潮起潮落時也不會患得患失。成功時確實好難自在。所以我們在追求成功的時候，預先就要看到我們的成功，而且穩穩的站在那邊；因此一旦當我們到達成功的時候，就沒有恐懼、沒有驚慌、沒有奇怪的過份行為，只是平平穩穩的安住成功。

我們要想改變命運，但是也要有享受新命的能力，這是在改命造運之前所要有的認知。

二、歡喜自足的新命

歡喜自足，是指在任何環境中，都能掌握因緣條件，隨緣自在，歡喜自適。

以恐龍滅絕的例子而言，曾經稱霸地球的恐龍，在六千五百萬年前的一場大浩劫中全部滅絕。因為造就恐龍強勢的條件，在大浩劫中卻成了它衰弱的條件，它龐大的體積，讓它所向無敵，但是這樣龐大的身軀，同也也需要大量的食物來支稱。當冰雪覆蓋大地時，恐龍無法找到足夠的食物，因而迅速滅種。

因此，先前的優勢，不一定是永遠的優勢，當時空環境改變時，原先的優勢條件甚至往往會變成劣勢。

所以，一個能掌握命運的人，要能隨時掌握條件、而活得很自在；即使到任何陌生的地方，也都能活得很好。在日本吃日本料理覺得很好，到了印度吃印度咖哩也覺得不錯。像有的美食專家吃東西時很辛苦，因為他們吃東西很挑，大部份的時候都無法吃到滿意的食物。像佛陀就不一樣了，在佛陀的三十二種相好之中，有一種是「得上味相」，這是說佛陀吃東西時，都能吃到每一個東西最上妙的好滋味，所以他吃什麼東西都很好吃。這才是歡喜自足的好命。

三、解脫自在、如幻自主的新命

從外在的條件，到心靈的自在，接著我們更要進一步昇華自己的生命——能遠離一切苦惱、得到甚深的安樂。就如同《心經》所言：「心無罣礙故，無有恐怖，遠離顛倒夢想，究竟涅槃。」這是沒有畏懼、沒有障礙的生命，完全解脫自由的生命。

再來，我們要成為如幻自主的生命——對一切條件都能觀察得很清楚，隨時隨地要做什麼都能自在。今天要出去玩、就穿短褲球鞋；明天要參加盛會、就穿西裝打領帶。隨時隨地需要扮演什麼角色，就能恰當地扮演那個角色；在家中，既能扮演好父親、也能扮演好丈夫、好兒子；到辦公室，既能扮演好領導者、也能扮演好部屬、好職員。

在家中，我們既是我們父親的孩子，同時也是我們孩子的父親，我們一身兼具這兩種身份。每個人都有許多因緣條件，以不同的因緣來相應，跟大家和樂共處。

雖然我們經常感覺到生命很不圓滿，還是有種種的歡樂與憂愁，但是基本上，我們看到每一個人，心中會不會有一種「存有的感動」呢？希望未來的人生，我們能自己很快樂、而他人也很快樂，大家一起快樂！何妨多一些讚歎，多一些掌聲，攜手邁向未來！

輕・鬆・學・佛・法・系・列 》

《遇見佛陀—影響百億人的生命導師》

全佛編輯部 編著 平裝/NT$200元

佛陀是這個世界第一個圓滿覺悟的人，為人間開啟了覺性的光明。從誕生、出家、成道、弘化，我們穿梭時空，與佛陀在兩千多年前相遇。

生命的煩惱並沒有因為時代不同而改變，當佛陀在我們的處境時，他會怎麼做？本書讓我們與佛陀漫步在智慧的花園，享用生命幸福覺悟的果實！

《如何成為佛陀的學生—皈依與受戒》

全佛編輯部 編著 平裝/NT$200元

佛陀無比圓滿的生命境界，令人心生嚮往。我們如何學習佛陀，成為佛陀的學生，來獲得圓滿的幸福？皈依的內容是什麼。怎樣才是真正的皈依？戒律是怎麼來的？為什麼戒律可以守護我們遠離煩惱混亂，讓心安定生起智慧？本書以經典中生動的故事，讓讀者瞭解皈依的真義，及佛陀制定戒律的慈悲與智慧。

《佛陀的第一堂課—四聖諦與八正道》

全佛編輯部 編著 平裝/NT$200元

生命為什麼會有痛苦？痛苦的根源來自何處？如何正確地生活，遠離一切煩惱痛苦，得到恆久的喜樂？

佛陀體悟了真理，提出了苦、集、滅、道—四聖諦的生命修鍊次第，以及八個正確生活的指導原則—八正道。這是佛陀在人間教授的第一堂課，也是所有追求幸福的人必修的基本學分。

《業力與因果—佛陀教你如何掌握自己的命運》

宇峰 編著 平裝/NT$220元

「業力」與「因果」，正是解開命運形成的密碼。

業力是如何形成的？人生的恩怨與因果輪迴有何關係？為什麼會投胎到天上、人間、動物？「因果論」與「宿命論」有什麼不同？命能不能改？如何真正的好命？佛陀用種種實際發生的故事，為我們解開「業力」、「因果」與「命運」的奧秘，找出掌握命運的關鍵，透過精進的因果觀，幫助我們開創自己的好命運！

全佛文化藝術經典系列

大寶伏藏【灌頂法像全集】

蓮師親傳 • 法藏瑰寶，世界文化寶藏 • 首度發行！
德格印經院珍藏經版 • 限量典藏！

本套《大寶伏藏—灌頂法像全集》經由德格印經院的正式授權
全球首度公開發行。而《大寶伏藏—灌頂法像全集》之圖版，
取自德格印經院珍藏的木雕版所印製。此刻版是由西藏知名的
奇畫師—通拉澤旺大師所指導繪製的，不但雕工精緻細膩，法
莊嚴有力，更包含伏藏教法本自具有的傳承深意。

◆◆◆

《大寶伏藏—灌頂法像全集》共計一百冊，採用高級義大利進
美術紙印製，手工經摺本、精緻裝幀，全套內含：
• 三千多幅灌頂法照圖像內容　• 各部灌頂系列法照中文譯名
附贈　• 精緻手工打造之典藏匣函。
　　　• 編碼的「典藏證書」一份與精裝「別冊」一本。
　　　（別冊內容：介紹大寶伏藏的歷史源流、德格印經院歷史、
　　　《大寶伏藏—灌頂法像全集》簡介及其目錄。）

定價NT$120,000（運費另計）　本優惠價格實施至2014年

白話華嚴經　全套八冊

國際禪學大師　洪啟嵩語譯　　定價NT$5440

八十華嚴史上首部完整現代語譯！
導讀 ＋ 白話語譯 ＋ 註譯 ＋ 原經文

《華嚴經》為大乘佛教經典五大部之一，為毘盧遮那如來於菩提道場始成正覺時，所宣說之廣大圓滿、無盡無礙的內證法門，十方廣大無邊，三世流通不盡，現前了知華嚴正見，即墮入佛數，初發心即成正覺，恭敬奉持、讀誦、供養，功德廣大不可思議！本書是描寫富麗莊嚴的成佛境界，是諸佛最圓滿的展現，也是每一個生命的覺性奮鬥史。內含白話、注釋及原經文，兼具文言之韻味與通暢清晰之白話，引領您深入諸佛智慧大海！

全佛文化有聲書系列

經典修鍊的12堂課（全套12輯）

地球禪者 洪啟嵩老師 主講　　全套定價 NT$3,700

〈 經典修鍊的十二堂課－觀自在人生的十二把金鑰 〉有聲書由地球禪者洪啟嵩老師，親自講授《心經》、《圓覺經》、《維摩詰經》、《觀無量壽經》、《藥師經》、《金剛經》、《楞嚴經》、《法華經》、《華嚴經》、《大日經》、《地藏經》、《六祖壇經》等十二部佛法心要經典，在智慧妙語提綱挈領中，接引讀者進入般若經典的殿堂，深入經典密意，開啟圓滿自在的人生。

01. 心經的修鍊	2CD/NT$250	**07**. 楞嚴經的修鍊	3CD/NT$350
02. 圓覺經的修鍊	3CD/NT$350	**08**. 法華經的修鍊	2CD/NT$250
03. 維摩詰經的修鍊	3CD/NT$350	**09**. 華嚴經的修鍊	2CD/NT$250
04. 觀無量壽經的修鍊	2CD/NT$250	**10**. 大日經的修鍊	3CD/NT$350
05. 藥師經的修鍊	2CD/NT$250	**11**. 地藏經的修鍊	3CD/NT$350
06. 金剛經的修鍊	3CD/NT$350	**12**. 六祖壇經的修鍊	3CD/NT$350

輕鬆學佛法4

《業力與因果—佛陀教你如何掌握命運》

編　　著	宇峰
執行編輯	蕭婉甄
封面設計	張士勇工作室
插　　畫	弓風
出　　版	全佛文化事業有限公司
	永久信箱：台北郵政26-341號信箱
	訂購專線：（02）2913-2199
	傳真專線：（02）2913-3693
	發行專線：（02）2219-0898
	匯款帳號：3199717004240 合作金庫銀行大坪林分行
	戶　　名：全佛文化事業有限公司
	E-mail：buddhall@ms7.hinet.net
	http://www.buddhall.com
門　　市	新北市新店區民權路95號4樓之1（江陵金融大樓）
	門市專線：（02）2219-8189
行銷代理	紅螞蟻圖書有限公司
	台北市內湖區舊宗路二段121巷19號（紅螞蟻資訊大樓）
	電話：（02）2795-3656
	傳真：（02）2795-4100

初　　版	2007年04月
初版三刷	2014年10月
定　　價	新台幣220元
ＩＳＢＮ	978-986-6936-10-4（平裝）

版權所有 • 請勿翻印

國家圖書館出版品預行編目資料

業力與因果：佛陀教你如何掌握命運 /
宇峰編著 - - 初版. --新北市：全佛文化,
2007[民96] 面 ；　公分.
- (輕鬆學佛法：4)
ISBN 978-986-6936-10-4(平裝)

1.因果（佛教）　2.輪迴　3.改運法
225.87　　　　　　　96005170

All Rights Reserved.
Printed in Taiwan.
Published by BuddhAll Cultural Enterprise Co.,Ltd.